全球纺织行业生产力
发展现状·趋势·对策研究报告

中国纺织信息中心 编著

中国纺织出版社有限公司 　国家一级出版社
　　　　　　　　　　　　　全国百佳图书出版单位

内 容 提 要

本书共分为六章。第一章介绍世界纺织工业的发展现状和发展脉络，研究了世界纺织工业的发展方向与趋势。第二章介绍中国纺织工业的发展与地位，全方位地剖析中国纺织工业的特征。第三章分析了发达经济体、新兴经济体的纺织产业国际竞争优势，总结中国纺织工业的竞争优势，并提出保持国际竞争优势的建议。第四章研究中国纺织工业面临的新形势与新变化。第五章探索中国纺织工业的未来与高质量发展路径。第六章进一步提出保障纺织产业高质量发展的政策性建议。

本书旨在探究全球纺织行业生产力发展现状、趋势及中国纺织工业高质量发展路径，可作为政府部门、行业协会、相关企业的工作参考书，也可供研究机构、专业院校、社会人士阅读借鉴。

图书在版编目（CIP）数据

全球纺织行业生产力发展现状·趋势·对策研究报告 / 中国纺织信息中心编著. --北京：中国纺织出版社有限公司，2019.9

ISBN 978-7-5180-6502-8

Ⅰ.①全… Ⅱ.①中… Ⅲ.①纺织工业—研究报告—世界 Ⅳ.① F416.81

中国版本图书馆 CIP 数据核字（2019）第 160564 号

责任编辑：范雨昕　　责任校对：江思飞　　责任印制：何　建

中国纺织出版社有限公司出版发行
地址：北京市朝阳区百子湾东里A407号楼　邮政编码：100124
销售电话：010—67004422　传真：010—87155801
http://www.c-textilep.com
E-mail:faxing@c-textilep.com
中国纺织出版社天猫旗舰店
官方微博http://weibo.com/2119887771
北京玺诚印务有限公司印刷　各地新华书店经销
2019年9月第1版第1次印刷
开本：889×1194　1/16　印张：8.75
字数：178千字　定价：168.00元

凡购本书，如有缺页、倒页、脱页，由本社图书营销中心调换

《全球纺织行业生产力发展现状·趋势·对策研究报告》课题组

课题咨询委员会

顾　问　孙瑞哲　陈大鹏

主　任　乔艳津

委　员　乔艳津　胡　松　伏广伟　李斌红　阎　岩
　　　　张　玮　董奎勇　李　波　胡发祥

课题组

组　长　董奎勇

副组长　闫　博　郭　燕　郭宏钧

成　员　（按姓氏笔画排序）
　　　　闫　博　吴　猛　宋秉政　和晓颖　翁　重
　　　　郭宏钧　郭　燕　曹文娜　董奎勇

序

纺织工业是我国传统支柱产业、重要民生产业和创造国际化新优势的产业，是科技和时尚融合、生活消费与产业用并举的产业，在美化人民生活、增强文化自信、建设生态文明、带动相关产业发展、拉动内需增长、促进社会和谐等方面发挥着重要作用。经过多年发展，中国已经成为世界纺织品服装的最大生产国、出口国和消费国。从原料供应、设计研发、纺织染加工，到服装、家纺、产业用三大终端产品制造以及品牌运营零售，中国纺织工业形成全球体量最大、最完备的产业体系，是世界纺织产业平稳运行的重要主体与核心力量之一。

从产业发展的全球视角来看，纺织工业也是国际化程度最高的行业之一，是世界经济全球化的重要参与者与见证者。纺织产业在全球范围内共经历了四次产业转移，第一次是从英国转移到美国，第二次是从美国转移到日本，第三次是从日本转移到韩国、新加坡、中国香港、中国台湾等国家及地区，第四次是转移到以中国为代表的亚洲发展中国家及新兴经济体。纺织工业理所当然地成为中国工业化的先导产业、中国最大的民生产业与最大的实体经济部门之一。可以看到，每一次产业转移都是与产业升级相伴而行的，最终全球纺织产业链、供应链与价值链得到不断丰富。

毋庸讳言，在国内改革开放的宏伟背景下，得益于第四次的世界纺织产业转移，中国纺织工业在许多领域已经具备较强的国际竞争力，并与其他国家及地区形成新的竞争合作格局与力量对比。但正视自身，仍有一些问题需要重点突破，主要表现在工业布局、竞争格局、高端供给、自主创新、品牌打造等方面。

当前，世界正处于百年未有之大变局，科技革命和产业变革的浪潮持续涌来，国际环境也呈现出高度不确定性。受国际贸易摩擦频发、全球金融波动加大、地缘政治风险等因素影响，世界经济下行压力加大；全球经济增长趋缓，国际贸易、投资形势趋紧，这对世界纺织行业的贸易与投资都造成必然影响。我们不禁会思考世界纺织工业的未来在哪里？中国纺织工业的未来在哪里？要回答这个问题，需要看清世界，认清自己。

"凡事预则立，不预则废。"对全球纺织行业生产力现状与趋势的研究是一项意义重大、必要性强的课题，很欣慰地看到该课题组全面、系统、细致、前瞻性地展开研究工作，梳理当前纺织产业主要国家与地区的发展现状，深入分析全球纺织产业生产力的发展现状与趋势。相信其对于中国纺织工业科学把握新时期世界纺织产业发展规律，准确把握历史交汇期中国纺织产业面临的外部环境基本特征，全面谋划和推进中国纺织工业的转型升级与高质量发展，树立"科技、时尚、绿色"的行业新定位，具有重要的理论和现实意义。

该研究报告数据翔实可靠，研究客观，观点明确，侧重数据分析和重点实例实证研究，具有较强的实用性、前瞻性及指导性，具有较强的参考价值，希望业内广大企业界人士以及各级工业主管部门、相关协会学会，出于面向未来和现实需要的双重考虑，一读此书。让我们在习近平新时代中国特色社会主义思想的指引下，积极贯彻新发展理念，全力推动高质量发展，持续深化供给侧结构性改革，不断推动我国由"纺织大国"向"纺织强国"转变。

中国纺织工业联合会会长

2019年5月

前言

党的十九大报告指出，"解放和发展社会生产力，是社会主义的本质要求。我们要激发全社会的创造力和发展活力，努力实现更高质量、更有效率、更加公平、更可持续的发展"。当前，我国经济发展进入了新时代，其基本特征是由高速增长阶段转向高质量发展阶段。

中国纺织工业经历了几十年的快速发展之后，已经成为世界纺织品服装的最大生产国、出口国和消费国。自2012年以来，中国纤维加工总量始终位居世界首位，世界占比均超过50%；纺织品服装出口也稳居全球首位，占比超过1/3。纺织工业作为中国的传统支柱产业，为国民经济发展做出了突出贡献，在工业化进程中发挥了主体产业、创汇产业、就业产业和先导产业的重要作用。在创新、协调、绿色、开放、共享的新发展理念的指引下，纺织工业在稳增长、防风险中发挥着积极作用，持续助力打好三大攻坚战，"科技、时尚、绿色"已经成为新时代中国纺织工业的工作新定位、行业新标签和社会新认知。

随着新一轮科技革命和产业变革的相互交融，世界发展的新旧动能正在加速转换，世界纺织产业的格局发生深度调整。欧美等发达国家正在大力推动制造业复兴，并都提出和实施了强化高端纺织的战略性计划，如美国国防部牵头成立新革命性纤维和纺织品制造创新中心（RFT-MII）、欧盟的"地平线2020"计划、德国的"Future Tex"项目等，旨在通过创新性的战略举措，谋求未来纺织工业中的制高点。与此同时，随着越南、孟加拉国、印度尼西亚、柬埔寨等国家与地区的快速发展，新兴经济体正在积极承接纺织产业国际产能与订单转移，并呈现出快速发展的态势，对中国纺织工业巩固国际竞争力，提升国际影响力提出了新要求。

面对不稳定不确定的国际形势和快速变化的国内形势，中国经济与中国纺织产业正处于重要的战略机遇期。如何正确认识和评价新时代下我国纺织工业生产力的发展水平和影响因素，探索提升行业生产力水平的路径方法和政策措施变得愈加重要。围绕这些内容展开研究，对于推进行业的高质量发展具有积极的理论价值和重要的现实意义。

2018年，中国纺织信息中心受工业和信息化部消费品工业司委托，承担了"全球纺织行业生产力发展现状、趋势及对策研究"专项课题。本报告是该专项课题的研究成果。

本课题研究综合了文献评述法、案例研究法、比较研究法、归纳演绎法等研究方法。课题组通过对研究报告、政策文件、学术论文等研究结论、研究成果的总结梳理，确定课题的支撑材料、观点方向、研究框架和理论方法等；通过对国内外、行业内外的重点案例进行调查研究，梳理行业发展状况、明晰行业发展趋势、佐证课题相关结论，实现理论与实践的对接，完成从个案到理论的提炼；通过不同国家、不同区域纺织服装产业的发展状况进行比较研究，得出各自特征和相对优势，进而形成相关的结论与建议，在文献研究、实地调研的基础上，进行归纳分析，形成课题研究的基础和依据，进而提出本课题的研究论点、形势研判、方法路径及对策建议。

本课题研究过程中得到了工业和信息化部消费品工业司的全力支持和指导，得到了中国纺织工业联合会及相关单位的支持、指导和帮助，也得到了来自北京服装学院、中国纺织建设规划院等单位专家的支持和指导。中国纺织信息中心及本课题项目组表示衷心感谢！

本书适合各类纺织服装企业，各级工业主管部门，纺织服装协会、商会、学会，纺织服装产业研究单位等阅读参考。希望广大读者可以从本报告中深入了解世界纺织工业的发展现状与趋势，认识发达经济体、新兴经济体在纺织工业国际竞争中的地位与发展趋势；认清中国纺织工业发展面临的新形势与新变化，明晰中国纺织工业高质量发展路径与政策建议。

由于研究周期较短，且研究对象庞大，有些基础性数据实难获取，加之研究人员学术水平有限，本书难免存在不足与争议，欢迎广大读者给予批评指正。

中国纺织信息中心
2019年5月

目录

第一章 世界纺织工业发展现状与趋势

第一节 世界纺织工业发展现状
一、纺织工业在世界经济中的地位 ... 1
二、全球产能分布 ... 2
三、市场与贸易情况 ... 4
四、投资情况 ... 6

第二节 世界纺织工业发展脉络与历史沿革 ... 8
一、全球制造业的迁徙：从西方向东方 ... 8
二、全球产业迁移与分工：生产与贸易网络持续深化 ... 11
三、全球价值链：品牌与技术驱动 ... 15

第三节 世界纺织工业的发展方向与趋势 ... 16
一、多种因素驱动世界纤维需求持续扩大 ... 16
二、全球化和国际贸易生态深刻调整 ... 17
三、国际市场竞争也更多元 ... 18
四、人工智能等新科技革命对全球产业格局带来巨大影响 ... 18
五、创新能力和制造业综合环境的竞争是根本因素 ... 19

第二章 中国纺织工业的发展与地位

第一节 中国纺织工业的规模与结构 ... 21
一、发展规模分析 ... 21
二、发展效益分析 ... 26
三、发展结构分析 ... 28
四、可持续发展能力分析 ... 32
五、存在问题 ... 35

第二节 产业配套与产业集群 ... 36
一、产业配套完善，体系化竞争优势明显 ... 36
二、集群效应显著，成为比较优势的代表 ... 39
三、存在问题 ... 41

第三节　市场发展 …………………………………………………………………………41
　　　　一、国内市场 ………………………………………………………………………41
　　　　二、国际市场 ………………………………………………………………………45
　　　　三、存在问题 ………………………………………………………………………48

　　第四节　科技创新 …………………………………………………………………………49
　　　　一、智能制造快速发展 ……………………………………………………………49
　　　　二、纤维材料技术不断突破 ………………………………………………………50
　　　　三、纺织产品加工技术稳步提升 …………………………………………………51
　　　　四、绿色发展取得成效 ……………………………………………………………51
　　　　五、产业用纺织品研发与加工技术有序推进 ……………………………………52
　　　　六、纺织装备技术和制造水平取得提升 …………………………………………52
　　　　七、纺织标准化建设不断完善 ……………………………………………………53
　　　　八、科技教育事业蓬勃发展 ………………………………………………………53
　　　　九、存在问题 ………………………………………………………………………54

　　第五节　文化建设 …………………………………………………………………………54
　　　　一、文化创意提升行业内在价值 …………………………………………………54
　　　　二、品牌效应支撑制造强国建设 …………………………………………………55
　　　　三、存在问题 ………………………………………………………………………57

　　第六节　小结 ………………………………………………………………………………58

第三章　世界主要国家纺织工业国际竞争优势比较分析

　　第一节　全球纺织品服装主要进出口国家与地区 ………………………………………60
　　　　一、全球纺织品服装主要出口国家与地区 ………………………………………61
　　　　二、全球纺织品服装主要进口国家与地区 ………………………………………64

　　第二节　发达经济体国别纺织工业国际竞争优势分析 …………………………………69
　　　　一、欧洲篇 …………………………………………………………………………69
　　　　二、美国篇 …………………………………………………………………………74

- 第三节　新兴经济体国别纺织工业国际竞争优势分析 ……………………………79
  - 一、传统纺织品服装出口国家与地区 …………………………………………79
  - 二、新兴纺织品服装出口国家与地区 …………………………………………82
- 第四节　新贸易格局下中国纺织工业保持国际竞争优势及建议 …………………85
  - 一、中国纺织工业国际竞争优势 ………………………………………………85
  - 二、保持国际竞争优势的建议 …………………………………………………89
- 第五节　小结 …………………………………………………………………………90

第四章　中国纺织工业发展面临的新形势与新变化

- 第一节　世界经济格局变化 …………………………………………………………92
  - 一、全球化成为不可逆转的大势 ………………………………………………92
  - 二、国际消费市场多元而快速的变化 …………………………………………95
  - 三、数字经济正在加速世界经济的全球化 ……………………………………97
  - 四、全球营商环境的改革促进商业便利化 ……………………………………98
  - 五、可持续发展成为全球发展新理念 …………………………………………99
  - 六、小结 ……………………………………………………………………… 101
- 第二节　国内宏观环境 …………………………………………………………… 101
  - 一、政策环境 ………………………………………………………………… 101
  - 二、经济环境 ………………………………………………………………… 106
  - 三、社会环境 ………………………………………………………………… 110
  - 四、技术环境 ………………………………………………………………… 113

第五章　中国纺织工业的未来与高质量发展路径

- 第一节　中国纺织工业发展的优势与劣势 ……………………………………… 115
  - 一、中国纺织工业发展的优势 ……………………………………………… 115
  - 二、中国纺织工业发展的劣势 ……………………………………………… 116

  第二节 中国纺织工业发展的机遇与挑战 …………………………………………… 117
    一、中国纺织工业发展的机遇 ………………………………………………………… 117
    二、中国纺织工业发展的挑战 ………………………………………………………… 118
  第三节 中国纺织工业高质量发展路径 ……………………………………………… 119
    一、加强科技创新能力 ………………………………………………………………… 119
    二、深化"三品战略"建设 …………………………………………………………… 120
    三、完善产能协同发展 ………………………………………………………………… 120
    四、强化内外市场培育 ………………………………………………………………… 121
    五、推进全产业链智能化 ……………………………………………………………… 121
    六、推进全产业链绿色化 ……………………………………………………………… 122
    七、加快推进产融合作 ………………………………………………………………… 122
    八、加强人力资源保障 ………………………………………………………………… 123

第六章 政策建议

  第一节 加大财税、金融政策扶持力度 ……………………………………………… 124
  第二节 完善市场发展环境 …………………………………………………………… 124
  第三节 环保政策要约束与激励并举 ………………………………………………… 125
  第四节 强化产业政策的引导与支持 ………………………………………………… 125
  第五节 发挥行业协会的作用 ………………………………………………………… 126

第一章 世界纺织工业发展现状与趋势

第一节 世界纺织工业发展现状

一、纺织工业在世界经济中的地位

纺织工业作为世界各国工业化先导产业，在解决就业、发展经济、促进贸易等方面具有重要的地位。根据世界银行发布的研究报告，世界纺织工业占制造业就业的15.9%[1]，是占比最高的产业。得益于全球经济和人口的持续增长，世界纺织纤维产量也保持着长期稳定增长的态势。2016年，世界纺织纤维总产量达到10136万吨，是1970年的3.65倍，高于人口增长1.97倍的速度，世界人均纤维消费量由7.5kg增长到13.8kg。

从纤维结构来看，天然纤维增长缓慢，近10年来还在持续下降。化学纤维的发展对纺织工业整体发展起到了关键的支撑作用。2016年世界化学纤维的产量达到7120万吨，是1970年的8.48倍，贡献了纤维增量的85.4%。如图1.1和图1.2所示。

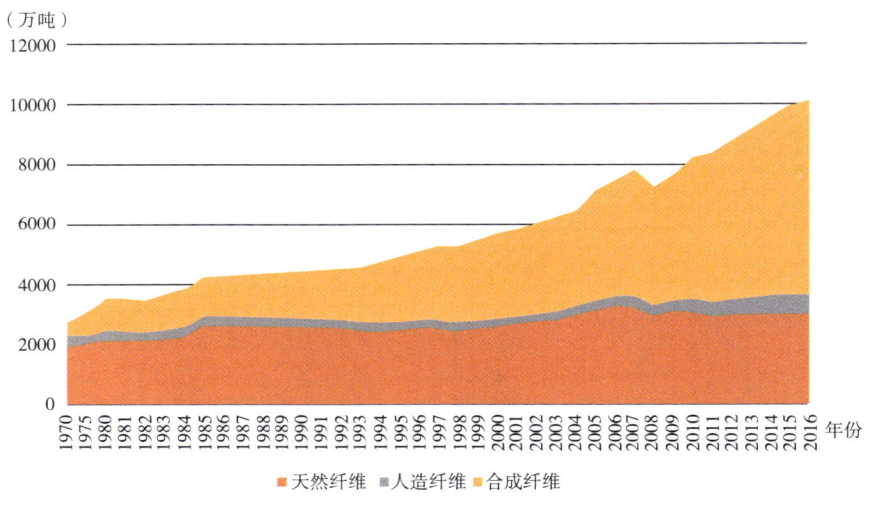

图1.1 世界纤维产量
资料来源：The Fiber Year 2017

---

[1] World Bank Group. Trouble in the Making? The Future of Manufacturing.Led Development：18–19.

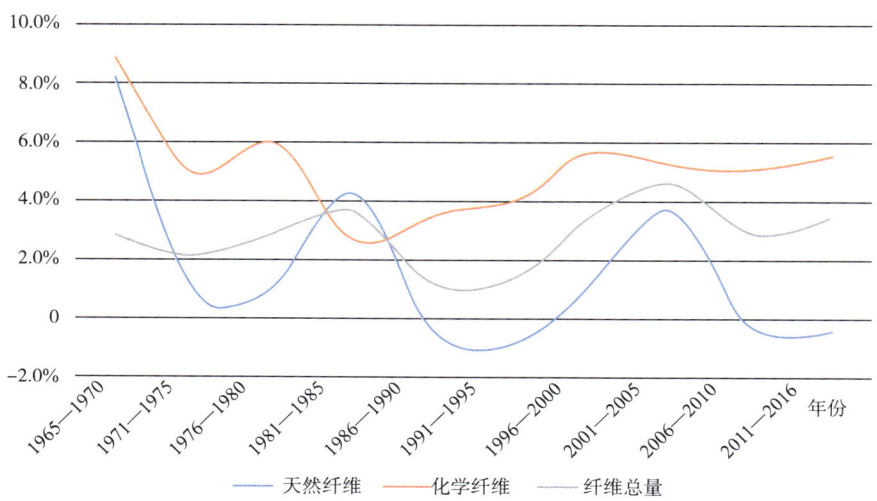

图1.2 各时期世界天然纤维和化学纤维产量年均增长率变化情况
资料来源：The Fiber Year 2017

二、全球产能分布

2000年以来，全球纺织品服装生产和出口在总体呈现集中的趋势。以纺纱产能为例，根据国际纺织制造商联合会（ITMF）的统计，2016年全球已安装运行的转杯纺、长丝锭和短纤锭的总量分别达到742.8万头、1476.1万锭和2.35亿锭，其中亚太地区占据了68.9%、45.1%和89.4%，产能集中度非常高。见表1.1。

表 1.1 世界纺纱能力分布

区域	项目	2016年已安装的生产能力			2017年装运量		
		转杯纺（万头）	纱锭（万锭）		转杯纺（万头）	纱锭（万锭）	
			长丝	短纤		长丝	短纤
非洲	数量	15.1	25.7	346.7	0.1	0.1	7.6
	占比（%）	2.0	1.7	1.5	0.1	0.4	0.8
北美	数量	40.7	90.8	398.8	1.1	0.0	11.1
	占比（%）	5.5	6.2	1.7	1.4	0.1	1.2
南美	数量	53.9	70.1	736.0	2.1	0.1	1.6
	占比（%）	7.3	4.7	3.1	2.6	0.4	0.2
亚太	数量	511.5	665.4	21004.1	67.4	11.3	909.5
	占比（%）	68.9	45.1	89.4	85.5	68.4	95.4
东欧	数量	27.7	129.4	115.9	0.6	0.1	5.1
	占比（%）	3.7	8.8	0.5	0.7	0.7	0.5
西欧	数量	80.0	77.5	790.0	6.0	3.1	16.7
	占比（%）	10.8	5.3	3.4	7.7	18.6	1.8

续表

区域	项目	2016年已安装的生产能力			2017年装运量		
		转杯纺（万头）	纱锭（万锭）		转杯纺（万头）	纱锭（万锭）	
			长丝	短纤		长丝	短纤
欧洲其他地区	数量	13.9	417.2	102.6	1.5	1.9	1.5
	占比（%）	1.9	28.3	0.4	2.0	11.3	0.2
世界合计		742.8	1476.1	23494.1	78.8	16.5	953.1

资料来源：Internation Textile Machinery Shipment Statistics

根据联合国工业和发展组织统计，2016年，纺织制造业增加值前15位国家占全球份额的84.8%，比2010年的81.6%有所提高。中国以43.9%的份额遥遥领先，其他国家所占份额都有不同程度的下降。美国、日本、意大利、德国等传统纺织制造业国家仍占据一定的领先优势，印度、土耳其、巴基斯坦等在纺织业领域也具有较高份额。如图1.3所示。

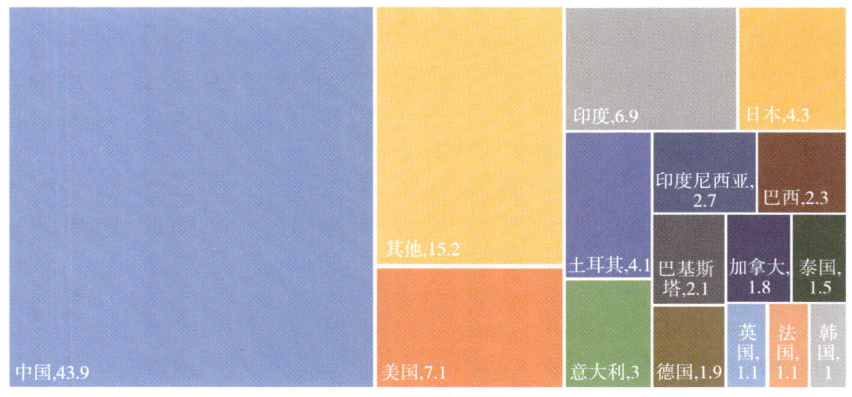

图1.3 主要纺织业国家和地区占全球纺织制造业增加值比重（按2010年不变价）
资料来源：UNIDO，International Yearbook of Industrial Statistics 2018

2016年，服装制造业增加值前15位国家占全球份额的79.6%，比2010年提高了2个百分点。其中中国所占份额为37.9%，比2010年提高9.8个百分点。孟加拉国服装业发展迅速，由2010年的第7位上升到了2016年的第二位，所占份额也达到6.2%。如图1.4所示。

· 3 ·

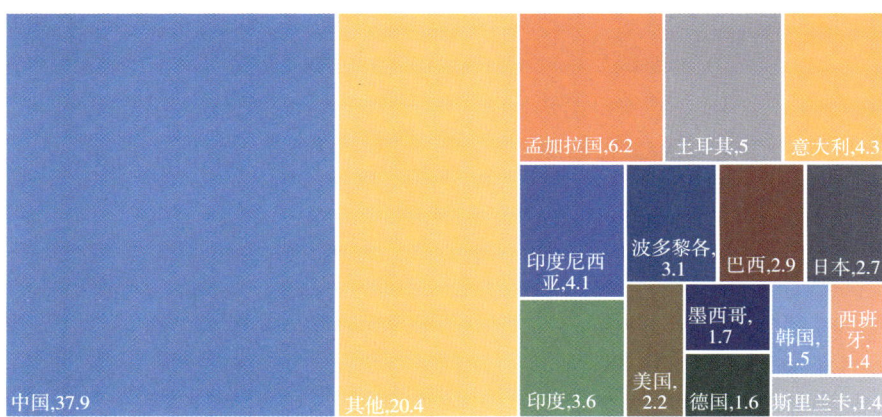

图1.4 主要服装业国家和地区占全球服装制造业增加值比重（按2010年不变价）
资料来源：UNIDO，International Yearbook of Industrial Statistics 2018

三、市场与贸易情况

长期以来，在全球分工深化和经济发展的驱动下，全球贸易增速一直保持在GDP增速的1.5—2倍。金融危机过后，全球货物出口增速由之前高于GDP的增速，降到了低于GDP增速或基本一致的状态，其中纺织品服装出口的波动更大，2015年和2016年出现明显低于全球GDP增速的情况。2017年，随着世界贸易的回升，全球货物出口增速又回升到GDP增速的1.5倍左右，纺织品服装出口增速与GDP增速基本持平。如图1.5所示。

根据WTO统计数据库的资料显示，2017年，世界纺织品和服装出口分布在全球166个国家和地区。出口额前30位的国家和地区的纺织品出口额占全球的比重为92.8%，服装出口额占全球的比重为90.9%。其中出口额前5位的国家和地区纺织品出口额、服装出口额占全球的比重分别为54.6%和53.8%，都具有很高的集中度。

2017年，世界货物出口总额17.73万亿美元，前十大贸易国占到52%。发展中经济体在世界贸易中的作用日益提升，占到44%。世界制造业产品出口占到世界货物出口总额的70%。纺织品服装出口额约7500亿美元，占世界货物出口总额的比重为4%，位居制造业产品出口中的第4位。如图1.6所示。

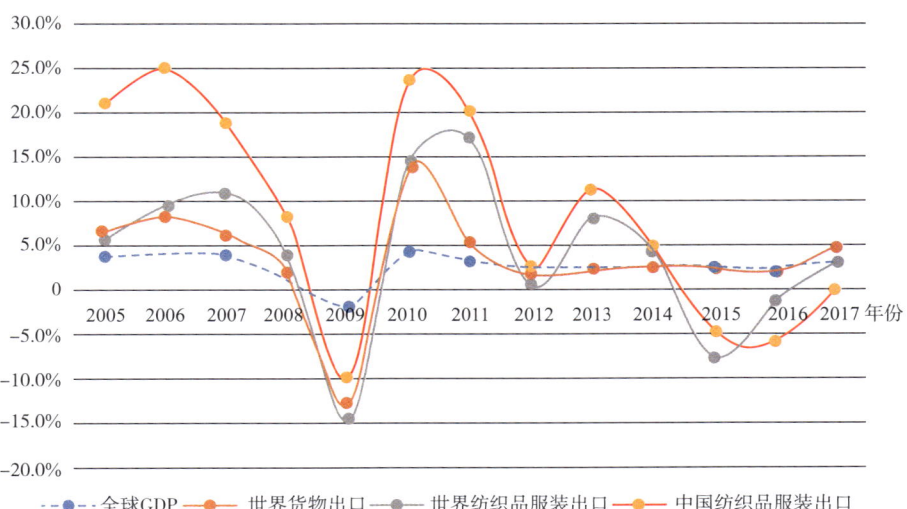

图1.5 历年世界贸易与GDP增速的变化情况
资料来源：WTO, World Trade Statistics Review 2018

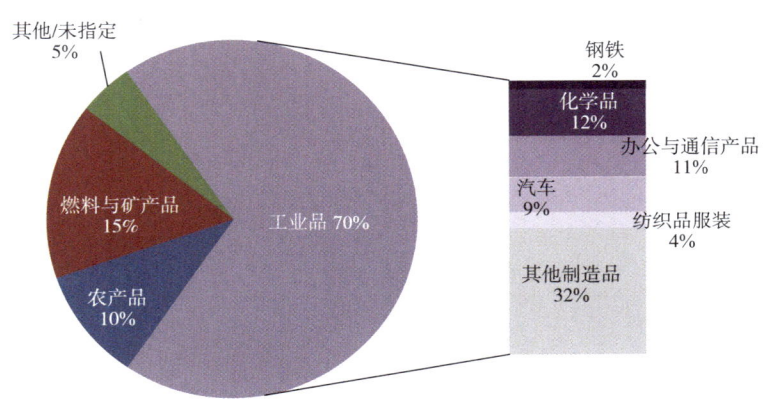

图1.6 2017年世界货物出口分产品大类所占份额
资料来源：WTO, World Trade Statistics Review 2018

将欧盟作为整体考虑的情况下，纺织品出口前10位国家和地区出口额合计2560亿美元，占世界比重86.4%；服装出口前10位国家及地区出口额合计3990亿美元，占世界比重87.8%。前10位所占比重在持续提高，但前10位国家及地区的构成上在不断发生变化。纺织品出口方面，越南提升较快，服装出口方面，孟加拉国、越南、印度等提升较快。中国香港作为主要的转口贸易地区所占比重在下降。中国纺织品出口所占比重还在缓慢提高，但服装出口所占比重近两年来开始有了较明显的下降。如表1.2所示。

表1.2 全球前十位国家和地区纺织品服装出口情况

国家及地区	2017年出口额（亿美元）	2000年份额（%）	2005年份额（%）	2010年份额（%）	2017年份额（%）
纺织品出口					
中国	1100	10.4	20.3	30.5	37.1

续表

国家及地区	2017年出口额（亿美元）	2000年份额（%）	2005年份额（%）	2010年份额（%）	2017年份额（%）
欧盟（28）	690	36.7	34.9	27.0	23.4
欧盟（28）外出口	210	9.9	9.9	8.1	7.1
印度	170	3.6	4.1	5.1	5.8
美国	140	7.1	6.1	4.8	4.6
土耳其	110	2.4	3.5	3.6	3.9
韩国	100	8.2	5.1	4.4	3.3
中国台湾	90	7.7	4.8	3.9	3.1
巴基斯坦	80	2.9	3.5	3.1	2.7
中国香港	80	...	...	...	...
越南	70	0.2	0.4	1.2	2.5
前10位合计	2560	80.0	83.0	83.7	86.4
服装出口					
中国	1580	18.2	26.6	36.7	34.9
欧盟（28）	1300	28.7	31.0	28.4	28.6
欧盟（28）外出口	310	6.4	6.7	6.2	6.8
孟加拉国	290	2.6	2.5	4.2	6.5
越南	270	0.9	1.7	2.9	5.9
印度	180	3.0	3.1	3.2	4.1
土耳其	150	3.3	4.3	3.6	3.3
中国香港	140	...	...	...	...
印度尼西亚	80	2.4	1.8	1.9	1.8
柬埔寨	70	0.5	0.8	0.9	1.6
美国	60	4.4	1.8	1.3	1.2
前10位合计	3990	69.0	76.2	83.2	87.8

资料来源：WTO

四、投资情况

联合国贸易和发展会议的统计显示，全球纺织工业的对外投资（FDI）一直处于比较活跃的状态，总体上呈现稳定增长趋势。2017年全球绿地投资项目数量1476个，较2016年略有下降，但比2003年增长了2.5倍。纺织工业占全球制造业绿地投资项目数量的19.2%，在制造业中的比重整体上也呈逐步增长的趋势。如图1.7所示。

图1.7 世界纺织工业绿地投资项目数量及占制造业比例（2003—2017年）
资料来源：UNCTAD

2017年，全球纺织服装行业绿地投资的金额达到282.6亿美元，同比微增1.5%，比2003年增长2.3倍。但比2014年的峰值降低了12%。如图1.8所示。

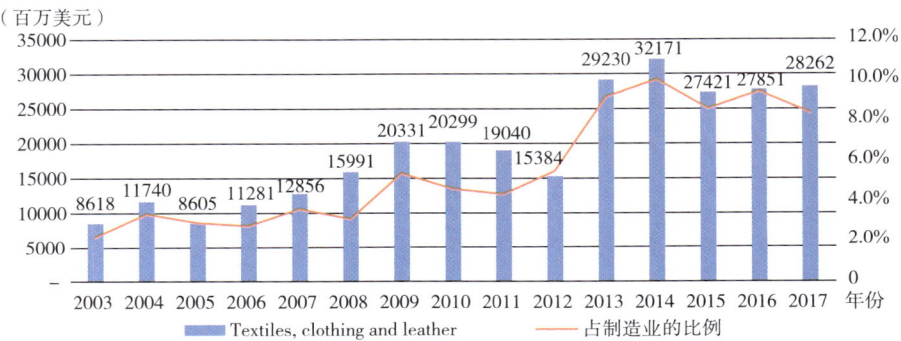

图1.8 世界纺织工业绿地投资金额及占制造业比例（2003~2017年）
资料来源：UNCTAD

相比绿地投资，全球纺织工业跨境并购的项目数量和金额都较小，2017年跨境并购项目27个，占制造业的比重不足2%。投资金额20.6亿美元，占制造业的比重0.8%。如图1.9和图1.10所示。

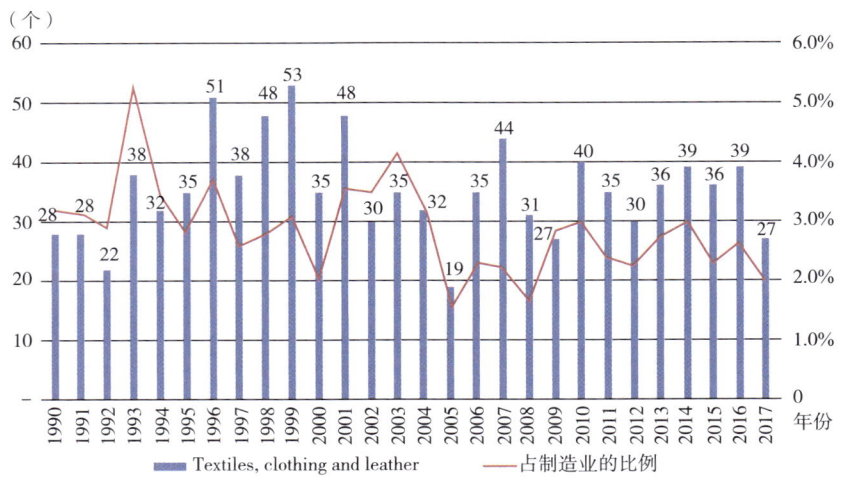

图1.9 世界纺织工业跨境并购项目数量及占制造业比例（1990—2017年）
资料来源：UNCTAD

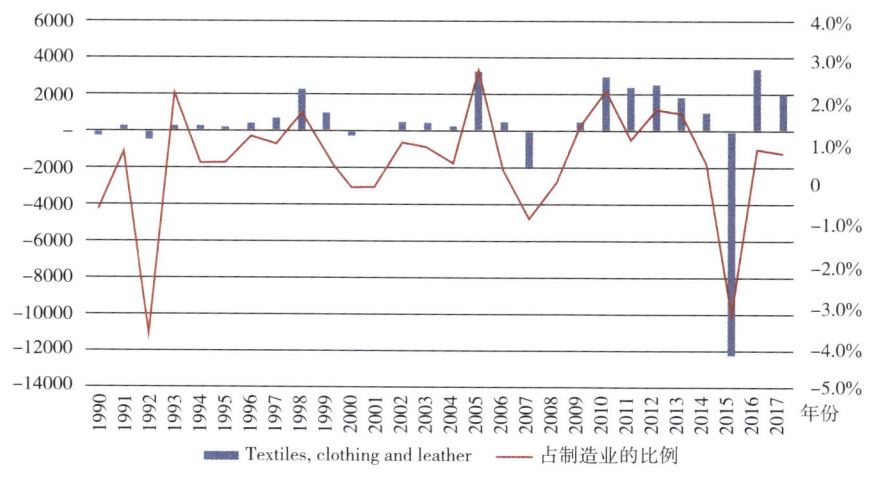

图1.10 世界纺织工业跨境并购金额及占制造业比例（1990—2017年）
资料来源：UNCTAD

第二节 世界纺织工业发展脉络与历史沿革

一、全球制造业的迁徙：从西方向东方

普遍认为，全球范围内出现过四次大规模的制造业迁移：一次在20世纪初，英国将部分"过剩产能"向美国转移；第二次在20世纪50年代，美国将钢铁、纺织等传统产业向日本、德国这些战败国转移；第三次在20世纪60至70年代，日本、德国向亚洲"四小龙"和部分拉美国家转移轻工、纺织等劳动密集型加工产业；第四次在20世纪80年代初，欧美日等发达国家和亚洲"四小龙"等新兴工业化经济体，把劳动密集型产业和低技术高消耗产业向发展中国家转移。30多年来，中国逐渐成为第四次世界产业转移的最大承接地，纤维加工量、纺织品服装出口额占世界的份额分别达到55%和37%左右，遥遥领先于第二位国家和地区，长期保持了世界最大的纺织生产国和出口国的地位。如表1.3所示。

表1.3 国际纺织产业转移与世界纺织制造中心

时间	制造中心转移	世界纺织制造中心的特点	产品开发及创新能力	主要产区
19世纪中期	英国	1830年技术革命的发生，蒸汽机就此问世，并受广泛应用，这极大促进了纺织、机械制造的发展。18世纪的手纺车的工作效率仅是机器工作效率的1/250，棉纺业年平均增长率在不同年间均不相同，1710~1740年的平均增长率为1.4%，1741~1770年的平均增长率为2.8%，1771~1810年的平均增长率最大，为8.5%。19世纪中叶，棉纺织品的出口值占全国纺织品总出口值的比重从1819~1821年的66.6%到1844~1846年的71.4%	工业生产的改革提高了社会生活水平，国家逐渐富裕，使英国成为全球首个经济强国、首个现代纺织制造中心，也是第一个与现代化挂钩的国家。甚至在目前，英国仍是世界工业重要生产基地，主要经营棉、毛纺织产业	苏格兰和西约克郡

· 8 ·

续表

时间	制造中心转移	世界纺织制造中心的特点	产品开发及创新能力	主要产区
19世纪末—20世纪初	美国—英国	1990年英国生丝消费量和棉花消费量都低于美国,1913年英美两国的棉纺织产量占世界棉纺织产量的比重分别为18.5%和27.5%。在全球的棉花和化纤工业的生产上,美国明显比英国更具优势,随后几年,美国完全将英国比下去,独占鳌头,成为世界上的纺织制造中心,并且主要生产棉织物和化纤织物	发生了第二次技术革命——电力技术革命,率先在世界实现大规模的工业化,纺织企业一般以年销售收入的5%~6%作为开发经费。在地毯、非织物和技术纺织品仍占竞争优势	亚拉巴马州、弗吉尼亚州和南、北卡罗来纳州这四州的纺织产量作为美国纺织工业的主力军,产量约占美国总产量的80%
第二次世界大战后—20世纪中叶	日本—美国	20年代初左右,纺织产制造业生产量占工业总生产量的比重只有50%,而到1925年时,其生产量不仅增加,而且出口量也可谓是空前绝后,占出口总额的63.7%,极大促进"二战"前后的二次经济发展。掌握大量的先进技术,产业创新能力增强,取代美国成为世界纺织制造中心	在引进的基础上改进和创新,同时汲取他国成功经验,通过不断创新努力,巧妙将各国先进生产技术融合,对高附加值化学纤维织物进行研究开发,形成一套具有本国特色的化学纤维织物生产体系	石川、富川以及富井县是化学纤维出产量较大的三个区域,其中福井县素有"纤维王国"之称
1960—1970年和1980年	日本—NIES	NIES:主要指亚洲新兴工业化国家和地区——韩国、中国台湾和香港。韩国主要生产化纤织物,其产量大概是大邱全部纺织制造业产值的86.2%,而我国台湾主要生产化学纤维织物,中国香港服务型加工贸易发展迅速	中国台湾繁殖企业一般建有研究所,计划建亚太化纤面料基地。韩国于1983年成立"纺织技术中心"将技术、信息和时装设计列为优先发展目标,由"外围"迈入"次中心"地区	韩国大邱、庆北;中国台湾高雄地区、台南地区、台北地区
同上(其他纺织制造中心)	德国	纺织机械和染料工业之所以具有如此大优势,在于化工工业和机械加工业的帮扶,该国主要生产高档化纤产品,并且化学纤维织物占据全部织物的半壁江山,约占60%	自从60年代开始,国家几乎每年投入5.8亿~9.9亿美元(约占销售额的3.5%~6.5%),这些金额主要用来构建改修纺织工业	巴伐利亚州、巴登-符腾堡州以及北莱茵-威斯特法伦州
同上(其他纺织制造中心)	意大利	高附加值天然纤维制成品是本国的重要生产产品,不仅在于其拥有世界一流的纺织品设计能力,还在于其得天独厚的地理优势,同时欧洲地区劳动力低廉也是一个重要原因	在研究开发方面的企业费用往往占公司销售额的1%,而技术型企业在研究开发上的费用占公司销售额的7%	威尼托、托斯卡纳、皮埃蒙特和伦巴地区等占全国总数的80%
1990至今	中国	凭借廉价的劳动力和地理优势,全能型产业配套模式和纯天然的纤维材料		江苏、上海、广东、浙江、福建、山东

从亚洲部分国家和地区,如日本、韩国、中国台湾和香港地区的纺织工业都经过整个周期的发展,根据出口及生产总额进行区分,产业成熟期于各国家到来时间相差无几,均在20世纪70—80年代之间,最早进入成熟期的是日本,中国台湾与韩国次之,最后进入成熟期的是中国香港。亚洲这几个国家和地区纺织工业升级的过程有一定的相似之处。如表1.4所示。

表 1.4 亚洲几个国家和地区现代纺织工业的发展阶段比较

发展阶段 \ 国家和地区	日本（1980年）	韩国（1989年）	中国台湾（1987年）	中国香港（1991年）
起步期	1945—1963 年	1949—1959 年	1949—1953 年	1841—1950 年（服务型加工贸易）
成长期	1964—1976 年	1960—1979 年	1954—1961 年	1950—1960 年（制造型加工贸易）
成熟期	1977—1986 年	1980—1989 年	1962—1987 年	1960—1979 年（制造型成熟期）
衰退期	1987—1999 年	1990—1999 年	1988 年至今	1980—1988 年（服务型加工贸易）
整合期	2000 年至今	2000 年至今		1988 年至今（转口贸易上升）

资料来源：公开资料整理

从总量上看，从2005年至2017年，按2010年的不变价格计算，工业化经济体占全球制造业增加值的比重由69.6%下降到55.3%，发展中和新兴经济体则由30.4%上升至44.7%。其中中国的发展尤为明显，由11.6%上升到了24.8%，份额增长了一倍多。如图1.11所示。

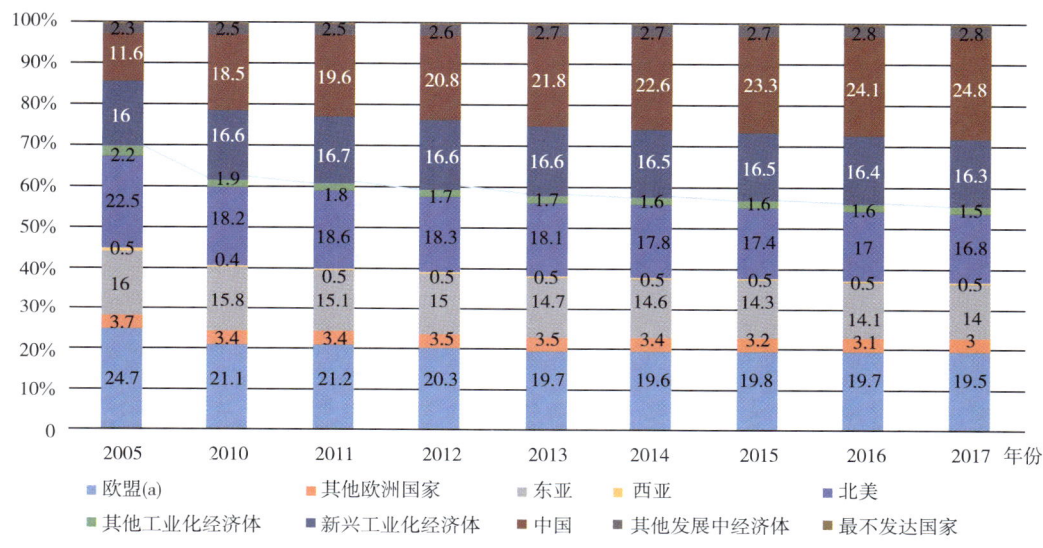

图1.11 2005—2017年世界制造业增加值份额变化情况（按2010年不变价）

注：a，不包括非工业化经济体。

资料来源：UNIDO，International Yearbook of Industrial Statistics 2018

纺织服装制造业转移的趋势更为明显。从2005年至2016年，工业化经济体占全球纺织制造业增加值的比重由48.9%下降到27.2%，发展中和新兴经济体由51.1%上升到72.8%，如图1.12所示；工业化经济体占全球服装制造业增加值的比重由48%下降到24.8%，份额下降近一半，发展中和新兴经济体由52%上升到75.2%，如图1.13所示。可以看出，发展中和新兴经济在全球纺织工业领域占据着近3/4的份额。

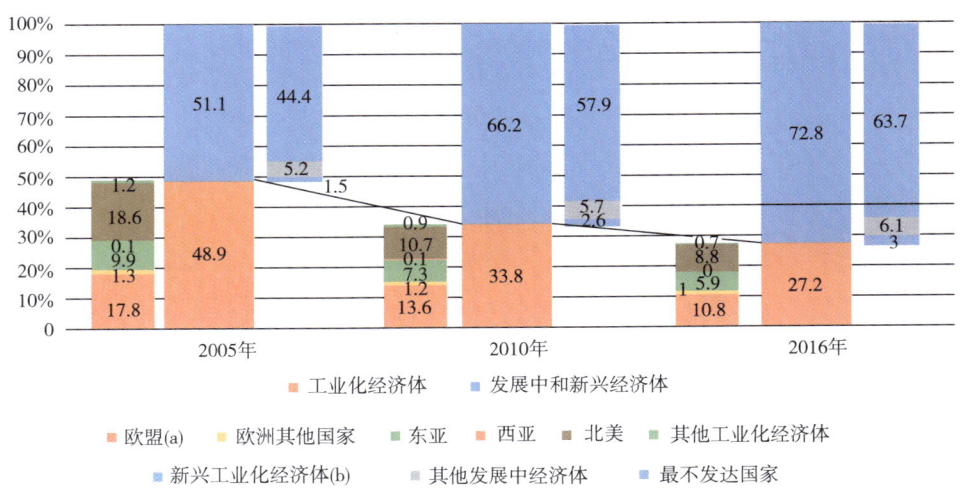

图1.12 世界各区域纺织业增加值份额变化情况（按2010年不变价）
注：a，不包括非工业化经济体；b，包括中国。
资料来源：UNIDO, International Yearbook of Industrial Statistics 2018

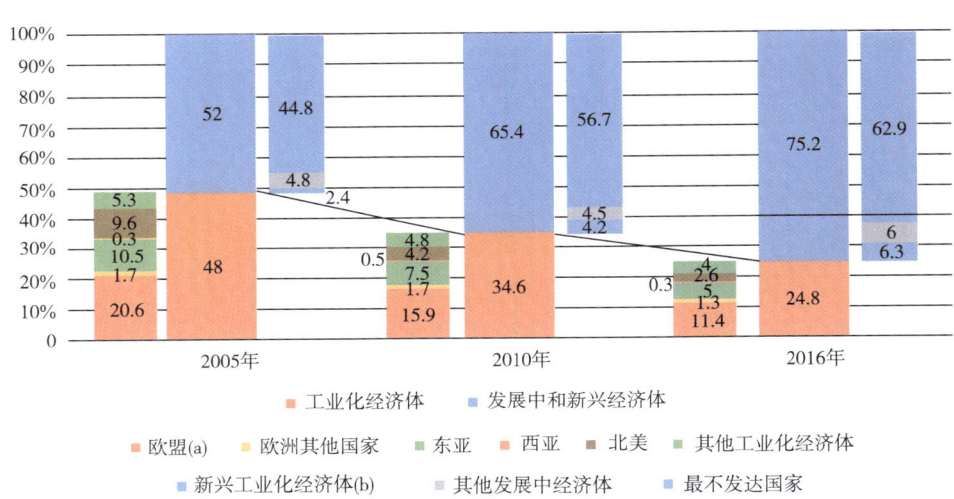

图1.13 世界各区域服装业增加值份额变化情况（按2010年不变价）
注：a，不包括非工业化经济体；b，包括中国。
资料来源：UNIDO, International Yearbook of Industrial Statistics 2018

二、全球产业迁移与分工：生产与贸易网络持续深化

国际分工促进了全球纺织品服装贸易持续增长。随着国际分工的不断深化，世界纺织品服装贸易也呈现出快速发展的态势。随着纺织工业国际分工的深化，在全球形成消费端和生产端两大阵营，消费端以欧、美、日等发达国家为代表，成为世界最主要的纺织品服装消费市场，生产端则分布于广大的发展中国家，成为世界纺织品服装的主要供应源。纺织品服装的价值链被不断细分和切割，然后不同环节被安排在最具比较优势的国家和地区进行，从而实现整个供应链成本的最优化。这种安排的结果，客观上也促进了更多的发展中国家参与到国际分工中，使得纺织品服装的成品和半制品多次进出多个参与的国家和地区，进而促进了

全球纺织品服装贸易的持续增长。

根据WTO公布的相关统计资料，从1980年到2017年，世界纺织品服装贸易额增长了6.8倍，年均复合增长率达5.7%。同期世界服装贸易额增速更高，2017年比1980年贸易额增长10.2倍，年均复合增长率达6.7%。世界纺织品服装贸易额的增长速度远高于世界纺织纤维产量3%左右的增长速度。自2008年金融危机以来，全球纺织品服装贸易受到影响较大，年度之间波动幅度也较大。近5年来，世界纺织品服装出口额年均增速仅1.1%，其中服装出口额年均增速1.4%。如图1.14所示。

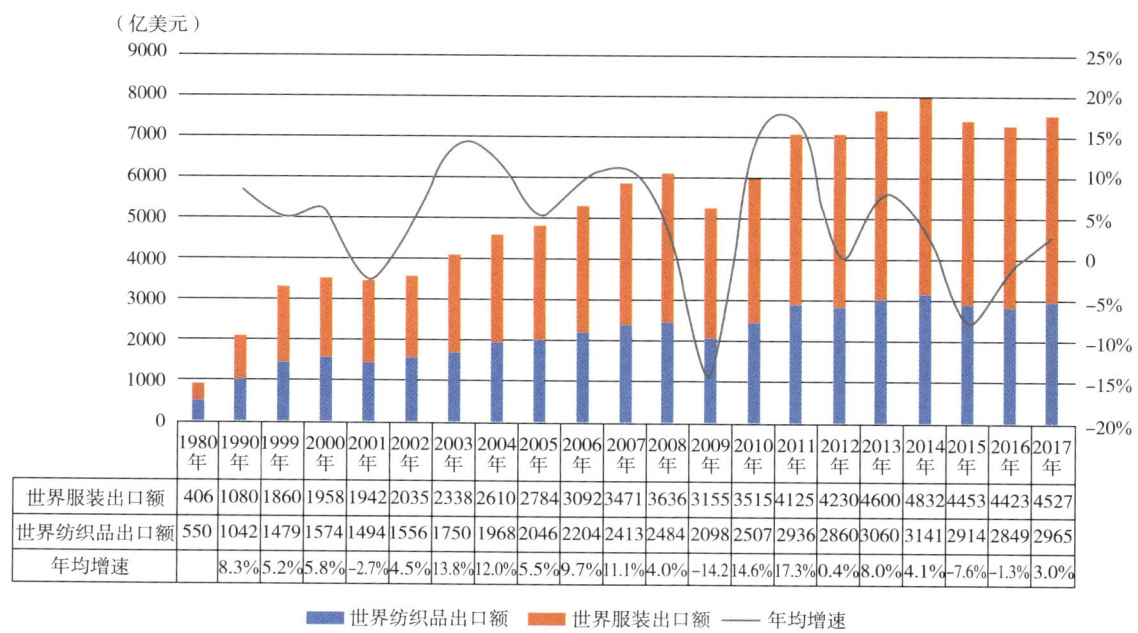

图1.14 世界纺织品服装出口额变化图
资料来源：WTO

但在发展中国家通过承接外包合同参与产品内分工过程中，也并非是均衡的。发展中国家之间竞争的结果，是一些优势明显的国家和地区，其纺织品服装生产和国际贸易占有重要份额。如20世纪60年代，美国厂商较多选择拉美等与美国有区位优势的国家及地区作为服装等行业海外加工的生产基地，但后来东亚三地（韩国、中国香港、中国台湾）在竞争中明显胜出。这些国家和地区60年代初制成品出口很少，如韩国1961年所有商品出口4100万美元，只有600万美元为制成品，并且其中还包括相当数量的鸭绒和海带；到70年代后期，美国商店出售成衣大约80%从中国香港、韩国和中国台湾进口。三地人口只有拉美的四分之一，但是仅衣服一项出口就大约相当于整个拉美国家的所有制成品出口规模或拉美衣服出口12倍。20世纪80年代以后，我国的纺织品服装出口增长迅速。

随着全球纺织品服装生产梯度转移的深化，纺织品服装贸易格局也在发生变化。特别是服装出口方面，世界主要贸易国家的位次变化尤为明显，显示出在成本驱动下，全球服装加工的布局调整。按单一国家或地区统计，2000年以来，除了中国大陆一直保持着服装出口第一的位置。中国香港作为转口贸易的主要地区，地位已经从之前的第二位下降到2017年的第八位。孟加拉国、越南、印度表现出持续增长的势头，已经跻身全球前列，意大利、德国的位次略有下降,但仍保持在前10位的行列,西班牙的位次上升明显。见表1.5。

表 1.5　世界服装主要出口国家和地区的变化(前30位)

序号	2000年	2010年	2016年	2017年
1	中国	中国	中国	中国
2	中国香港	中国香港	孟加拉国	孟加拉国
3	意大利	意大利	越南	越南
4	墨西哥	德国	意大利	意大利
5	美国	孟加拉国	印度	德国
6	德国	土耳其	德国	印度
7	土耳其	印度	中国香港	土耳其
8	印度	越南	土耳其	中国香港
9	法国	法国	西班牙	西班牙
10	孟加拉国	比利时	法国	法国
11	韩国	西班牙	比利时	荷兰
12	印度尼西亚	荷兰	荷兰	比利时
13	英国	印度尼西亚	英国	英国
14	比利时	英国	印度尼西亚	印度尼西亚
15	泰国	美国	柬埔寨	柬埔寨
16	中国台湾	墨西哥	美国	美国
17	葡萄牙	泰国	波兰	波兰
18	斯里兰卡	巴基斯坦	巴基斯坦	巴基斯坦
19	荷兰	马来西亚	斯里兰卡	马来西亚
20	多米尼加	丹麦	马来西亚	斯里兰卡
21	菲律宾	斯里兰卡	墨西哥	丹麦
22	摩洛哥	波兰	丹麦	墨西哥
23	罗马尼亚	葡萄牙	葡萄牙	阿联酋
24	洪都拉斯	突尼斯	泰国	葡萄牙
25	马来西亚	罗马尼亚	洪都拉斯	泰国
26	突尼斯	柬埔寨	摩洛哥	洪都拉斯
27	巴基斯坦	摩洛哥	罗马尼亚	摩洛哥
28	西班牙	洪都拉斯	奥地利	奥地利
29	加拿大	奥地利	突尼斯	罗马尼亚
30	波兰	菲律宾	萨尔瓦多	缅甸

资料来源:http://stat.wto.org/StatisticalProgram/WSDBStatProgramHome.aspx?Language=E

纺织品出口的变化不如服装明显，但也有所变化。印度、土耳其、越南等增加较快，意大利、德国、美国等也在世界纺织品出口中占据重要的地位。见表1.6。

表1.6 世界纺织品主要出口国家和地区的变化（前30位）

序号	2000年	2010年	2016年	2017年
1	中国	中国	中国	中国
2	中国香港	德国	印度	印度
3	韩国	意大利	德国	德国
4	意大利	印度	美国	美国
5	中国台湾	美国	意大利	意大利
6	美国	中国香港	土耳其	土耳其
7	德国	韩国	韩国	韩国
8	日本	中国台湾	中国台湾	中国台湾
9	法国	土耳其	中国香港	巴基斯坦
10	比利时	巴基斯坦	巴基斯坦	中国香港
11	印度	日本	日本	越南
12	英国	比利时	越南	日本
13	巴基斯坦	法国	比利时	比利时
14	土耳其	荷兰	荷兰	荷兰
15	印度尼西亚	印度尼西亚	法国	阿联酋
16	西班牙	英国	西班牙	法国
17	荷兰	西班牙	印度尼西亚	西班牙
18	墨西哥	泰国	英国	印度尼西亚
19	加拿大	越南	泰国	英国
20	泰国	捷克	捷克	泰国
21	澳大利亚	澳大利亚	墨西哥	捷克
22	葡萄牙	墨西哥	波兰	波兰
23	阿联酋	加拿大	葡萄牙	墨西哥
24	瑞士	波兰	澳大利亚	葡萄牙
25	马来西亚	葡萄牙	阿联酋	奥地利
26	捷克	阿联酋	加拿大	马来西亚
27	丹麦	马来西亚	孟加拉国	孟加拉国
28	新加坡	埃及	马来西亚	加拿大
29	巴西	瑞典	罗马尼亚	俄罗斯
30	波兰	孟加拉国	埃及	罗马尼亚

资料来源：http://stat.wto.org/StatisticalProgram/WSDBStatProgramHome.aspx?Language=E

三、全球价值链：品牌与技术驱动

纺织工业向发展中国家进行转移，并非是说发达国家对纺织业完全放弃，只是借助技术与品牌进行双向控制，把具有较低附加值的加工制造业向原料丰富且成本低廉的发展中国家进行转移，而研发设计及营销等环节仍保留在国内，母国企业依旧手握核心技术。同时于创新研发新产品期间齐聚人、财、物三力，对高附加值纺织品进行创新。意大利、德国、美国、法国等发达经济体在世界纺织供应链中始终占据重要地位，世界纺织品服装出口前十名中有一半是欧美发达国家，并在品牌、零售、前沿技术等方面一直占据主导地位。就发达国家纺织工业盈利提升和产品升级、产业链遍及世界各地、品牌企业及跨国公司空前繁荣等现状来说，其纺织工业走在世界前列，仍具有强大竞争力。根据brandfinance发布的全球最有价值的服装服饰品牌50强分布，美国、法国、意大利、西班牙、瑞士、瑞典等国家在品牌价值和企业数量方面都占据主导地位。见表1.7。

表1.7 世界最有价值服装服饰品牌50强分布

国家	品牌价值合计（亿美元）	品牌价值占比（%）	企业数量（个）	企业数量占比（%）
美国	732	30	15	30
法国	326	13	5	10
意大利	292	12	9	18
西班牙	237	10	5	10
瑞士	210	9	4	8
瑞典	190	8	1	2
其他	443.8	18	11	22
总计	2430.8	100	50	100

资料来源：www.brandfinance.com

从全球纺织工业的研发、生产、销售的价值链分工结构来看，具有典型的"品牌和零售商驱动"的特点，在价值和利润分配上处于有利地位。

一是全球知名的品牌商，如Nike、ZARA、优衣库等。它们主要职能是创造维护品牌，进行产品研发设计，通过在全球范围内分包加工制造业务，对国际分工生产体系发挥协调作用。二是发达国家的零售商如美国Wal—Mart，Sears等。它们一方面拥有熟知发达国家消费市场的优势，另一方面注重利用全球产品内分工体系为其提供货源，培育具有特色的市场竞争力结构。由于发达国家占全球服装衣着等产品消费市场较大份额，这类零售商通过向产品供应系统传递终端市场信息，通过选择货源提供地点和供货厂商，对产品内分工体系和供应链运行产生重要作用。

此外，在为全球品牌和零售商服务中承担供应链管理（supply chain management，SCM）角色的厂商，一方面与欧美众多采购厂商所有者和经理人员具有广泛联系，另一方面对亚洲各国供货商的生产能力、特殊技能、业务习惯有较多了解，依托对商品链网络中关键节点信息资源的掌控，对商品链运行发挥协调作用。如中国香港利丰（Li & Fung），从单纯采购代理商转变为供应链管理者的企业，代表美国和欧洲零售商采购客户与全球数千家供货商建立网络关系，而且这个供应网络一直在扩展。除了拥有网络信息核心资源外，这类企业还需要提供"产品开发、采购、融资、运输、后勤和物流"等服务功能。在价值链中也发挥着重要作用。

从纺织工业的整个产业体系来看，围绕纺织品服装生产销售主链的，还有纤维材料、纺机装备、染化料等产业以及相关生产性服务业，材料和装备技术的进步对纺织服装产业的发展发挥着重要影响。这些高价值的板块，目前仍是以发达国家和地区为主。最终形成的局面是产业移出国，把持产业链中高附加值环节，如研发、设计、品牌营销等。西方国家的跨国纺织公司为占据国际市场，不仅在设计、营销和展示等下游环节进行大规模的资本投入，而且在高级服装面料、纺织原料等上游环节中下足功夫。而很多移入国位于纺织工业的加工环节，依靠劳动力和自然资源获取利润。如果不能大力推动技术进步和提高全要素生产率，容易导致"低端锁定"，掉入"全球分工陷阱"。当然，发展中经济体通过参与全球分工，融入全球生产网络和全球价值链，大大促进了制造业发展，创造大量就业。一些发展中国家纺织企业跟进潮流，不断完善生产系统，提高设计能力，优化产品质量，不断提升自己的国际地位，并且积极参与跨国公司的全球生产体制，使得其在行业分工体系中的合同制造商地位日渐提高。

第三节 世界纺织工业的发展方向与趋势

一、多种因素驱动世界纤维需求持续扩大

尽管国际金融危机造成深层次影响仍未修复，经济发展仍然存在较大的不确定性，但世界纤维需求仍将持续增加。一是人口自然增长将带动纤维需求扩大。根据联合国《世界人口展望报告》，到2020年世界总人口将达到77.6亿，较2015年增加约4.1亿。二是经济增长带动市场扩容和消费升级。根据国际货币基金组织（IMF）预测，2016—2020年，世界GDP（购买力平价）将以年均约3.6%的速度复苏，根据历史数据规律，纤维消费也将基本保持同步增长。三是纤维应用领域拓展。随着纺织材料技术不断创新，各种高性能、功能性纤维将更广泛替代传统材料，应用于结构增强、安全防护、医疗卫生、土工建筑等领域，产业用纺织纤维占比将进一步提高。预计到2020年，全球纤维产量将超过1.1亿吨，人均纤维消费量达到14.4千克，较2015年分别增加1500万吨和1.1千克，2016—2020年年均增长3%和1.6%。

世界纤维消费呈现同步、多元发展特征。发达国家稳定、较高的收入水平以及成熟且日趋理性的消费习惯，使得其市场具有明显长期稳定的特点，人均纤维消费量可长期保持在30千克以上，继续在世界纤维消费中发挥主导作用。发展中国家纤维需求潜力将进一步加快释放，目前发展中国家人均纤维消费仅有10千克左右，随着人口增加及经济持续发展，发展中市场将成为纤维增长的主动力，估计2020年纤维需求量将较2015年增加1300万吨以上，占全世界增量的85%左右。

二、全球化和国际贸易生态深刻调整

长期以来，在全球分工深化和经济发展的驱动下，全球贸易增速一直保持在GDP增速的2倍左右。金融危机后，全球出口增速由之前高于GDP的增速，降到了低于GDP增速或基本一致的状态，其中纺织品服装出口的波动更大。2017年，世界商品贸易创下六年来最强劲的增长。重要的是，贸易增长与GDP增长的比例回到了其历史性平均1.5，远远高于2008年金融危机后的年份1.0的纪录。如图1.15所示。

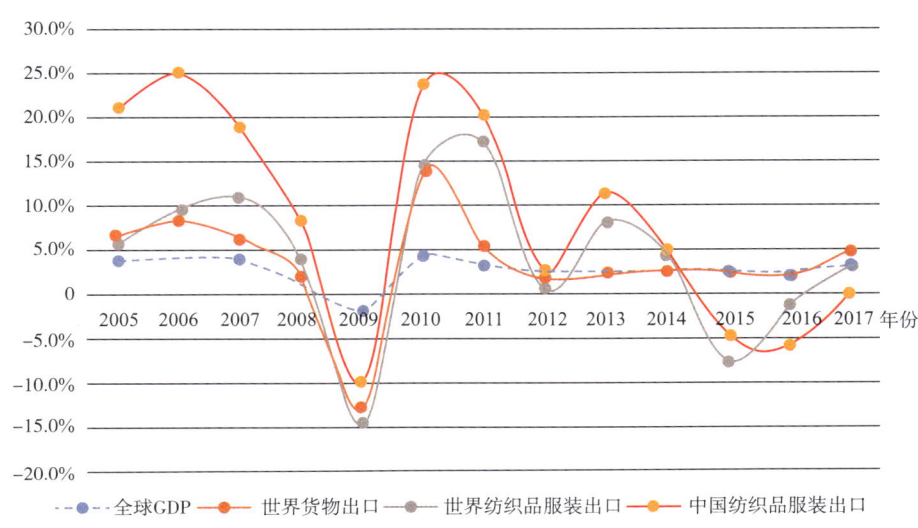

图1.15　全球GDP和贸易增长速度变化情况
资料来源：WTO

世界正在经历百年未有之大变局，发展动能深刻调整，世界多极化、经济全球化深入发展。不同要素之间的相对重要性、不同国家间的资源禀赋优势在发生明显变化。生产能力和消费市场重心向新兴国家转移，全球产业分工格局正在重塑。国际竞争正变得日渐激烈。全球贸易关系更趋复杂。单边主义、保护主义、逆全球化趋势抬头，全球贸易冲突升温。2018年发生的中美贸易争端备受关注，是取消纺织品服装配额以来，我国纺织工业对外贸易遇到的重大挑战。贸易争端溢出效应对投资者信心、消费者心理预期、金融、股市等带来的潜在风险，也需要给予充分重视，积极做好准备。从根本上来讲，最重要的是要不断增强自身实力，只有高质量发展才是应对环境变化和贸易摩擦的"长效手段"。

但是，从长远来看，全球化仍是不可逆转的大趋势。全球基础设施的互联互通日益增强，投资、贸易合作日益广泛，互联网经济消融了时空的限制。在技术创新与贸易合作的推动下，要素资源不断突破地域、组织、技术界限，在全球范围内加速流动。全球产业链、价值链与创新链深度交织，联系日渐紧密。未来的全球化将是更加自由、多元、开放的全球化，是摒弃保护主义、单边主义、民族主义的全球化。互联互通的时代为世界纺织工业开放合作发展提供了广阔空间。

三、国际市场竞争也更多元

总体来看，纺织工业在发达国家表现为资本密集型特征，在发展中国家表现为劳动密集型。这一特征在纺织机械设备制造和化学纤维行业表现尤为突出。以纺织机械行业为例，同等规模的纺织企业，发展中国家更多的是采用劳动力密集型的"人海"战术，而发达国家直接生产人员仅为发展中国家的1/10~1/20，甚至更少。先进的装备减少了生产操作人员的数量，解决了发达国家劳动成本上升和劳动力不足等问题。另一方面，发达国家重视纺织面料的设计与开发。通过创意性设计、面料再造、功能性开发等，赋予纺织面料知识含量和附加值。现代纺织业的上述现象可归结为：生产要素密集型的反向特征。即在同一产业内，因各国生产要素禀赋的差异，在不同国家则表现不同的要素密集型特点。这就是为什么传统的纺织业在发达国家和发展中国家的生产要素禀赋存在较大的差异。

从产业链角度看，全球供应链采购格局渐趋分散，南亚、东南亚国家在世界纺织工业中扮演着越来越重要的角色，非洲的潜力正在显现；同时，成本扁平化，驱动全球纺织供应体系发生深刻变革，制造业分布格局将会变得越来越区域化，消费品的生产制造有向消费市场靠近的趋向。以越南、孟加拉国、印度为代表的亚洲发展中国家以及非洲地区正在全球纺织产业布局中占据越来越重要的地位，在世界纺织品服装出口中的份额提升很快。与东南亚等海外地区相比较，我国纺织工业制造成本优势正在消失，中西部纺织企业人均工资也已达到越南的2倍、孟加拉国的近5倍，大部分省份的电价是越南、美国等地的近2倍。近年来，我国纺织品服装出口占世界的份额增长趋缓并表现出有所下降的势头。如图1.16所示。

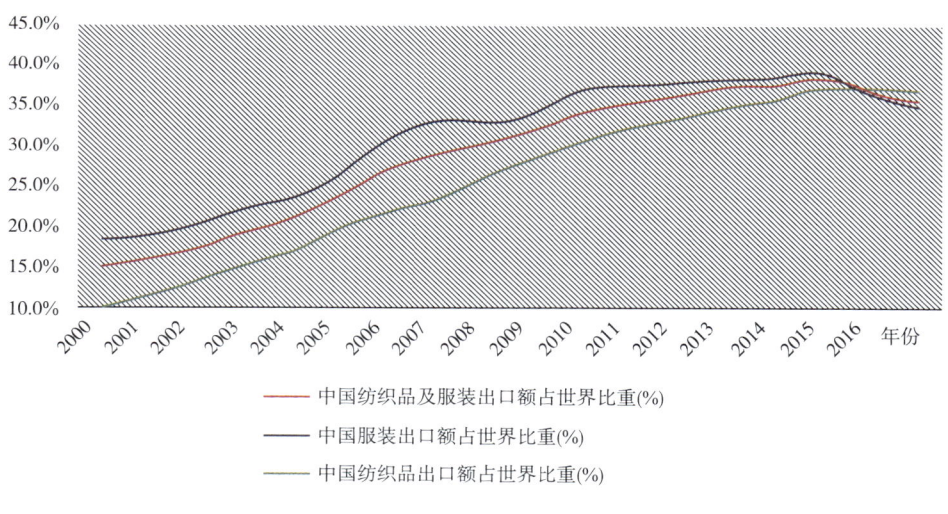

图1.16 我国纺织品服装出口额占世界比重的变化
资料来源：WTO

四、人工智能等新科技革命对全球产业格局带来巨大影响

新科技革命和产业革命蓄势待发，工业文明和工业的生产内容面临新一轮的升级，新产业、新模式正在重塑世界经济竞争格局，全球纺织产业地图已经开始了新一轮调整和重构。

国际金融危机以来，全球科技创新进程明显加快，特别是互联网技术广泛应用，并与制造业深入融合，推动制造产业发展轨迹发生革命性改变。纺织工业与互联网深度融合发展的变革新趋势已经初现端倪，新一代信息网络技术在纺织产业链、供应链全流程广泛应用，大大提高了纺织生产全过程及纺织产品的数字化、智能化水平，实现了生产要素、加工制造、配套服务等产业资源的高效整合与高度共享，也促进工业化制造与市场消费者的个性化需求的直接对接，从而促使纺织制造模式、生产组织方式及商业业态模式全面革新，纺织制造将向着柔性化、智能化、定制化、精细化及服务化加快转型，企业组织结构更趋向网络化和扁平化，资源整合向跨领域、网络化协同转变。

自动化、智能化纺织装备加快应用，正在实行人工替代，这为发达国家深度参与纺织制造体系分工创造了更为有利的条件。依托高新科技研发与先进制造优势，发达国家在纤维、面料、纺织装备乃至纺纱、服装等领域的制造能力并未萎缩，反而保持稳定增长，在全球贸易格局中也仍占有重要地位，意大利、德国、美国2016年纺织品服装出口额分别为334亿美元、306.5亿美元和185.5亿美元，较2010年分别增长17%、11.4%和21.5%。发达经济体只掌控"微笑曲线"两端——科技研发和品牌渠道的传统分工格局正在发生改变。

人工智能（AI）的发展对产业格局将产生更深层次和更长远的影响。AI使得数据成为关键的生产要素和战略资源。基于历史、数据、逻辑的分析将提升生产和决策效率，使得人工成本等因素的敏感性降低，对消费市场的洞察力提升。贴近消费者变得越来越重要，情景化、可视化、交互化、故事化将成为重要的工具与方法论。AI技术在行业内已经有了很好的应用。比如美国Finch用品公司利用AI技术进行个性化定制T恤，成功建立了一个人的全球公司。利用AI在用户界面管着下单、数据沉淀、收取佣金，在供应链管着设计、印刷、生产、营销的商业业态，公司年销售额达20万美元左右，可以24小时不停工，进行全球销售。国内比如，江苏阳光集团建造了基于ET工业大脑的"纺织大脑"大数据处理系统，实现数据的智能采集及机器换人。利用图像识别技术寻找疵点，可节省50%的人力。中国纺织信息中心开发了AI Color Trend，采用人工智能图像识别技术进行色彩流行趋势分析和应用指导产品等。

五、创新能力和制造业综合环境的竞争是根本因素

从国际竞争来看，欧美日等发达国家和地区依托消费市场、高新科技研发和先进制造优势，在创新性、时尚性等方面一直处于世界领先地位，在全球贸易格局中也仍占有重要地位。欧美等发达国家在大力推动制造业复兴的同时，都提出和实施了强化高端纺织的战略性计划，如美国国防部牵头成立了新革命性纤维和纺织品制造创新中心（RFT—MII）、欧盟的"地平线2020"计划、德国的"Future Tex"项目等，旨在通过创新性的战略举措，谋求未来纺织工业中的制高点。欧美等发达国家在纺织工业中的领先地位，正是基于其强大的创新能力。我们要实现强国目标也必须要靠创新。"谁在创新上先行一步，谁就能拥有引领发展的主动权"。

美国布鲁金斯学会发布的研究报告《全球制造业记分卡：美国与18国比较研究》，从政

策和法规、税收政策、能源、运输和健康成本、劳动力素质以及基础设施和创新五个方面对各国制造业发展的整体环境进行了评估。从结果来看，发达经济体在制造业的整体环境仍然处于领先水平，中国制造业发展环境改善的空间仍然很大。随着制造业环境的优化和科技进步，纺织工业在中国仍然具有极大的发展前景。如图1.17所示。

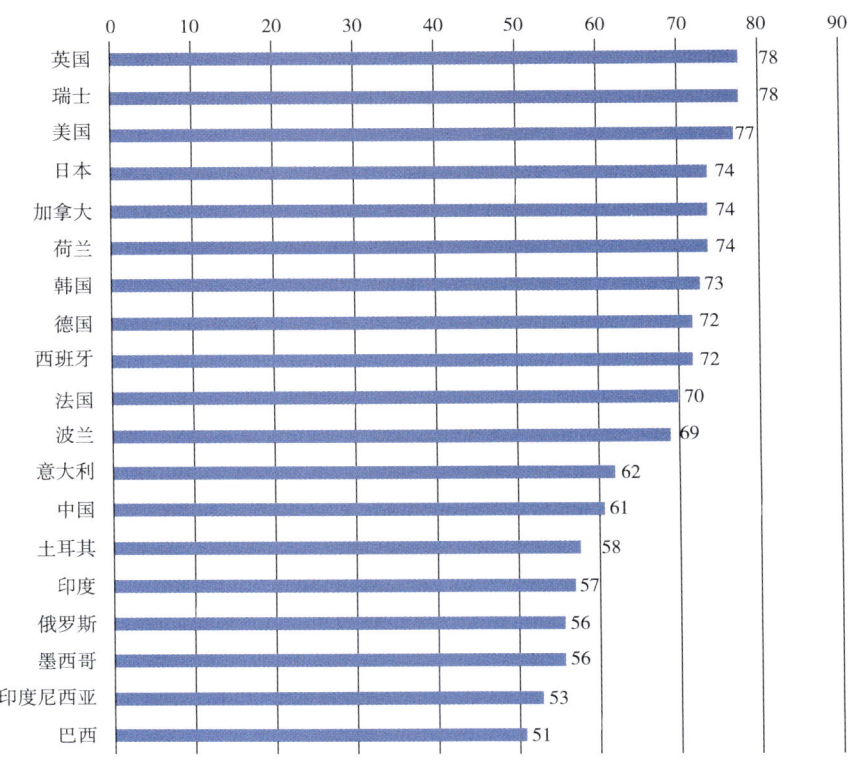

图1.17　2018年制造业环境的国家排名

资料来源：Global manufacturing scorecard: How the US compares to 18 other nations，https://www.brookings.edu/research/global-manufacturing-scorecard-how-the-us-compares-to-18-other-nations/

第二章 中国纺织工业的发展与地位

第一节 中国纺织工业的规模与结构

一、发展规模分析

1. 中国纺织工业在世界纺织工业中的现状与地位

中国纺织工业是世界最大的纺织经济体,产业规模世界第一。2012年以来,中国纤维加工总量始终位居世界首位,世界占比均超过50%,并呈逐年增长趋缓态势。据中国纺织工业联合会统计,2017年中国纺织全行业纤维加工总量5430万吨,如图2.1所示。中国纺织品服装出口也占全球首位,2017年出口额2745.1亿美元,全球占比达到36.8%,如图2.2所示。中国纺织工业已经成长为支撑世界纺织工业体系平稳运行的核心力量。

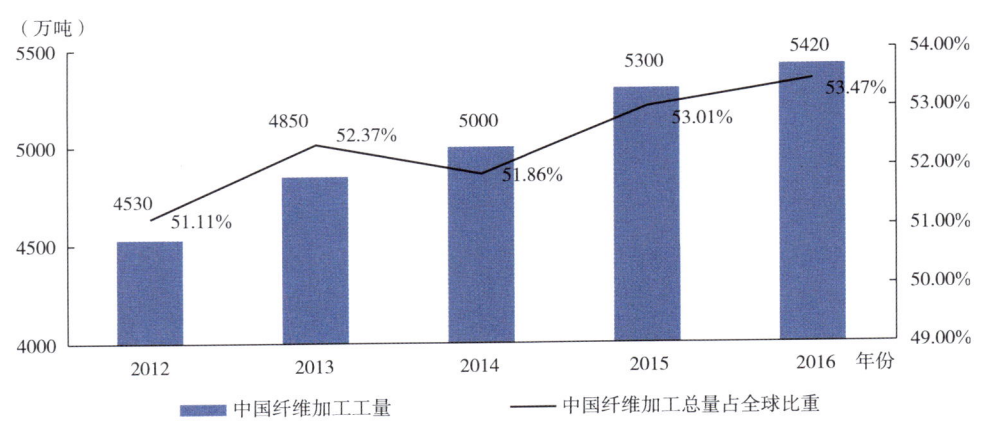

图2.1 中国纤维加工总量及其占全球比重
资料来源:纤维年报、中国纺织工业联合会产业经济研究院

2. 纺织工业在中国工业中的现状和地位

纺织工业作为中国的传统支柱产业,为国民经济建设做出了突出贡献,在工业化进程中发挥了主体产业、创汇产业、就业产业和先导产业的重要作用。

图2.2 2012—2017年中国纺织服装出口额占全球比重
资料来源：WTO统计报告、中国纺织品进出口商会、中国纺织工业联合会统计中心

纺织工业是中国最大的实体经济之一，从中华人民共和国成立以来就占据工业经济的主体地位，成为国家财政资金的重要来源，并在工业化进程中发挥了先导作用。从企业规模看，2012—2016年，纺织工业规模以上企业数量处在传统工业和消费品行业前列。2013年达到39971家，占全国规模以上制造业企业数量的11.63%。随着内外环境的变化，行业淘汰落后产能的深入，规模以上企业数量有所下降。2016年为37974家，但仍占全国规模以上制造业企业数量的1/10，见表2.1。从固定资产总额和主营业务收入看，2012—2016年，纺织工业在主要工业和消费品行业中位居前列，并呈逐年累加态势，纺织工业的平稳运行对保障国家宏观经济稳定运行具有重要意义。见表2.2和表2.3。

表2.1 2012—2016年各主要行业规上企业数量　　　　　　　　　　　　　　　　单位：家

行业	2012年	2013年	2014年	2015年	2016年
食品制造业	7306	7871	8207	8749	9043
酒、饮料和精制茶制造业	5311	5894	6272	6664	6962
烟草制品业	135	130	128	133	128
纺织工业	38123	39971	39655	39413	37974
皮革、毛坯、羽毛及其制品和制鞋业	7806	8467	8719	8862	8727
家具制造业	4559	5078	5288	5546	5777
造纸和纸制品业	7128	7063	6822	6798	6586
医药制造业	6387	6839	7108	7392	7541
汽车制造业	11270	12528	13457	14149	14493
石油加工、炼焦和核燃料加工业	2036	2081	2033	1990	1876
化学原料和化学制品制造业	23694	25040	25262	25262	24583

注　纺织工业数据为纺织业，纺织服装服饰业，化学纤维制造业，纺织、服装和皮革加工专用设备制造数据之和。
资料来源：中国工业统计年鉴

表 2.2　2012—2016 年各主要行业资产总额　　　　　　　　　　单位：亿元

行业	2012 年	2013 年	2014 年	2015 年	2016 年
食品制造业	10009.68	11609.77	13138.79	14677.48	15496.83
酒、饮料和精制茶制造业	11176.84	13119.56	14249.9	15599.8	16761.53
烟草制品业	7084.34	7979.59	8484.66	9190.25	10210.17
纺织工业	37404.74	41078.09	44023.86	45367.57	46748.88
皮革、毛坯、羽毛及其制品和制鞋业	5598.74	6852.86	7013.9	7323.85	7396.26
家具制造业	3545.86	4176.54	4651.08	5012.7	5552.82
造纸和纸制品业	11862.73	12847.48	13413.75	14024.04	14117.32
医药制造业	15768.51	18450.01	21739.42	25071.09	28789.11
汽车制造业	40399.58	46873.54	52743.12	59940.81	68536.75
石油加工、炼焦和核燃料加工业	20938.78	23169.7	24664	24795.95	26508.18
化学原料和化学制品制造业	53382.09	61317.66	68462.38	72573.12	76073.78

注　纺织工业数据为纺织业，纺织服装服饰业，化学纤维制造业，纺织、服装和皮革加工专用设备制造数据之和。
资料来源：中国工业统计年鉴

表 2.3　2012—2016 年各主要行业主营业务收入　　　　　　　　单位：亿元

行业	2012 年	2013 年	2014 年	2015 年	2016 年
食品制造业	15834.33	18546.36	20399.89	21957.58	23955.38
酒、饮料和精制茶制造业	13549.14	15327.37	16369.97	17373.35	18538.03
烟草制品业	7571.52	8308.08	8962.65	9340.79	8686.38
纺织工业	57759.12	64216.61	68117.62	70989.33	73954.88
皮革、毛坯、羽毛及其制品和制鞋业	11268.72	12643.39	13896.08	14659.82	15163.04
家具制造业	5669.89	6641.74	7273.41	7880.67	8779.64
造纸和纸制品业	12501.49	12891.85	13535.18	13942.34	14622.82
医药制造业	17337.67	20484.22	23350.33	25729.53	28206.11
汽车制造业	51235.58	59692.6	67818.48	71069.4	81347.16
石油加工、炼焦和核燃料加工业	39399.01	40980.89	41094.41	34604.49	34532.38
化学原料和化学制品制造业	67756.23	76645.34	83104.14	83564.54	87293.98

注　纺织工业数据为纺织业，纺织服装服饰业，化学纤维制造业，纺织、服装和皮革加工专用设备制造数据之和。
资料来源：中国工业统计年鉴

纺织工业对于增加外汇贡献突出，是出口创汇和外贸顺差的主要来源。从出口规模看，2012—2016年，纺织工业出口交货值稳居传统工业和消费品行业前列，纺织品服装出口总额占全国商品出口总额的比重一直维持在12%以上的高位水平，见表2.4。从净出口创汇看，2001—2017年，中国纺织工业净创汇29104.14亿美元，占全国货物贸易净创汇的74.97%，是中国第一大净出口创汇产业。行业创汇在维持币值稳定，实现国际收支平衡，保障国家经济金融安全，服务国家发展战略等方面发挥着重要支撑作用。如图2.3、图2.4所示。

表2.4 2012—2016年各行业出口交货值　　　　　　　　　　单位：亿元

行业	2012年	2013年	2014年	2015年	2016年
食品制造业	955.77	1042.66	1040.23	1120.54	1114.45
酒、饮料和精制茶制造业	243.2	246.92	276.64	247.89	256.21
烟草制品业	34.79	35.98	36.69	43.08	41.24
纺织工业	8812.76	9328.58	9455.55	9165.33	9005.68
皮革、毛坯、羽毛及其制品和制鞋业	2970.48	3129.2	3406.97	3441.51	3382.59
家具制造业	1316.76	1452.47	1562.86	1618.26	1786.33
造纸和纸制品业	589.17	570.08	591.72	559.34	569.82
医药制造业	1164.92	1184.17	1312.32	1341.97	1460.42
汽车制造业	2740.55	2753.19	3021.5	2934	3188.99
石油加工、炼焦和核燃料加工业	380.09	553.42	553.57	498.76	610.21
化学原料和化学制品制造业	3693.54	3984.6	4385.95	4185.78	4333.64

注　纺织工业数据为纺织业，纺织服装服饰业，化学纤维制造业，纺织、服装和皮革加工专用设备制造数据之和。
资料来源：中国工业统计年鉴

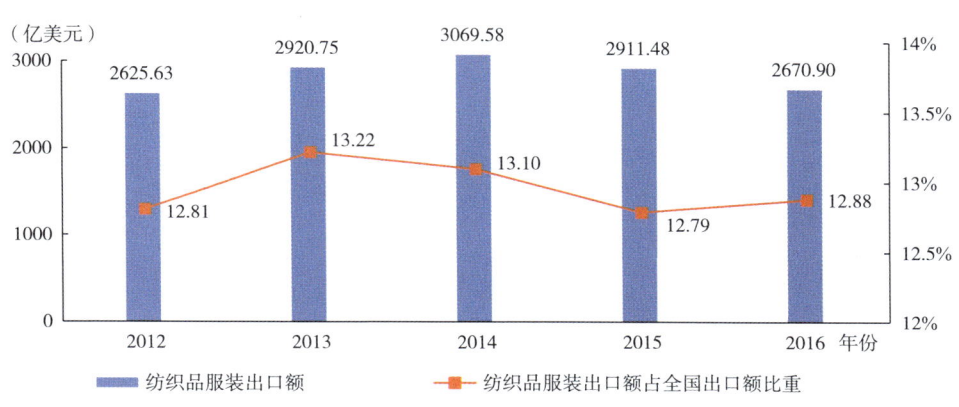

图2.3　2012—2016年中国纺织服装出口额及其占全国出口额比重
　　　资料来源：国家统计局、中国纺织工业联合会产业经济研究院、纺织工业统计年报

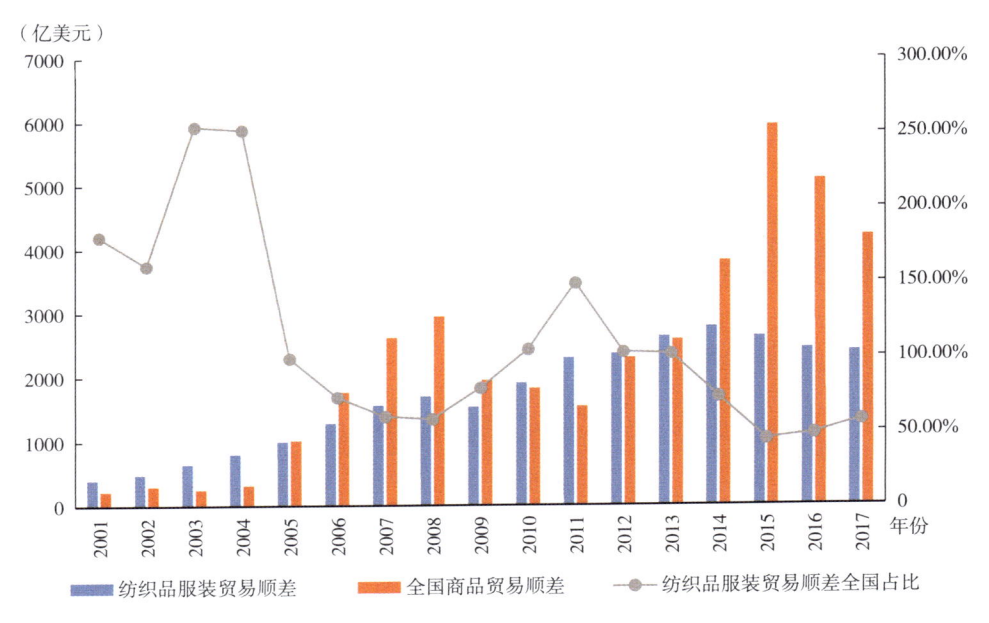

图 2.4 2001—2017年中国纺织工业顺差情况
资料来源：中国海关

纺织工业是重要的民生产业，一直致力于服务改善民生。改革开放以来，人民衣着消费大幅改善，人均纤维消费量从1978年的2.9千克增加到2017的22千克，提升了7.6倍，已达中等发达国家水平。同时，行业作为劳动力密集型产业创造了大量的就业岗位，对维护社会稳定发挥了重要作用。2013—2016年，规模以上纺织工业企业就业人数长期保持在900万人以上，位居全国制造业前列，占全国规模以上制造业企业就业人数的比重超过十分之一。目前，纺织全行业就业人口约2000万。纺织工业也是农村转移劳动力的重要入口，每年为农村进城务工人员提供1000多万个就业岗位和数千亿元现金收入。行业每年使用国产天然纤维原料约900万吨，为农业发展与农民增收发展做出贡献。见表2.5。

表 2.5 2013—2016 年各行业平均用工人数　　　　　　　　　　　单位：万人

行业	2013 年	2014 年	2015 年	2016 年
食品制造业	200.94	206.47	212.05	211.61
酒、饮料和精制茶制造业	157.81	162.35	166.82	162.61
烟草制品业	19.86	21.63	20.89	21.44
纺织工业	1010.53	1019.05	978.5	930.62
皮革、毛坯、羽毛及其制品和制鞋业	296.9	303.93	293.94	274.64
家具制造业	115.83	120.05	120.08	122.1
造纸和纸制品业	140.35	138.12	134.95	127.11
医药制造业	208.55	222.39	230.48	235.92
汽车制造业	426.03	477.26	472.17	483.45
石油加工、炼焦和核燃料加工业	94.51	96.84	93.29	87.63
化学原料和化学制品制造业	494.91	498.86	492.03	480.59

注　纺织工业数据为纺织业，纺织服装服饰业，化学纤维制造业，纺织、服装和皮革加工专用设备制造数据之和。
资料来源：中国工业统计年鉴

二、发展效益分析

纺织工业是经济发展的重要组成部分，其经济效益的好坏，直接影响着工业经济的发展。纺织工业作为国民经济发展中最平稳的部门之一，行业在稳增长、防风险中发挥着积极作用。

从资产负债率看，2012—2016年，纺织工业在所有的工业行业中居于中等水平，始终保持平缓下降趋势。其中，纺织业与服装业的资产负债率低于工业整体水平。在较低杠杆率的条件下，行业实现了较好发展。如表2.6和图2.5所示。

表 2.6 2012—2016 年各行业资产负债率（%）

行业	2012年	2013年	2014年	2015年	2016年
食品制造业	48.31	48.57	46.88	44.77	44.08
酒、饮料和精制茶制造业	48.25	47.67	45.54	45.22	43.92
烟草制品业	24.99	25.38	21.48	25.47	25.71
纺织工业	56.46	56.01	54.28	53.09	51.74
皮革、毛坯、羽毛及其制品和制鞋业	48.39	45.22	46.28	45.14	44.99
家具制造业	52.73	51.06	49.9	49.67	49.02
造纸和纸制品业	58.02	57.58	57.01	56.78	54.79
医药制造业	43.78	43.97	43.41	41.48	40.31
汽车制造业	56.3	57.36	57.02	57.72	58.34
石油加工、炼焦和核燃料加工业	65.02	66.03	66.29	66.39	65.25
化学原料和化学制品制造业	56.86	58.06	57.94	57.02	55.43

注 纺织工业数据为纺织业，纺织服装服饰业，化学纤维制造业，纺织、服装和皮革加工专用设备制造数据之和。
资料来源：中国工业统计年鉴

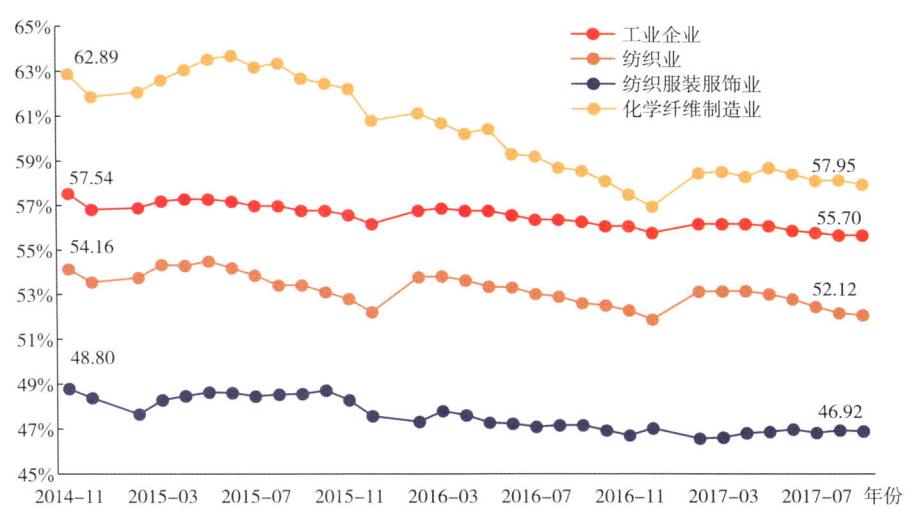

图2.5 2014—2017年中国纺织工业资产负债率情况
资料来源：Wind资讯

从利润总额看，2012—2016年，纺织工业利润总额位于传统工业和消费品行业的前列。纺织工业占全国工业利润总额的比重也由2012年的4.9%扩大到2016年的5.8%，在制造业中的比重呈现逐步增长态势，如表2.7和图2.6所示。

表2.7 2012—2016年各行业利润总额 单位：亿元

行业	2012年	2013年	2014年	2015年	2016年
食品制造业	1423.10	1646.98	1744.68	1876.57	2083.43
酒、饮料和精制茶制造业	1602.36	1716.90	1670.75	1799.65	1908.52
烟草制品业	1071.49	1222.61	1221.09	1199.60	1038.05
纺织工业	3410.54	3818.09	3898.64	3991.68	4210.00
皮革、毛坯、羽毛及其制品和制鞋业	822.05	890.04	949.57	980.80	988.07
家具制造业	387.05	431.97	467.03	512.64	574.39
造纸和纸制品业	774.21	775.94	726.99	792.82	866.87
医药制造业	1865.89	2132.71	2382.47	2717.35	3114.99
汽车制造业	4321.20	5230.37	6158.42	6243.25	6853.77
石油加工、炼焦和核燃料加工业	300.14	636.16	78.08	732.49	1884.97
化学原料和化学制品制造业	4121.61	4522.41	4450.25	4669.98	5180.30

注 纺织工业数据为纺织业，纺织服装服饰业，化学纤维制造业，纺织、服装和皮革加工专用设备制造数据之和。
资料来源：中国工业统计年鉴

图2.6 2014—2017年中国纺织工业资产负债率情况
资料来源：国家统计局、中国纺织工业联合会产业经济研究院、纺织工业统计年报

纺织工业的人均主营业务收入与其他按行业相比仍有差距，这充分反映出纺织工业劳动密集的特点。数额从2014年的93.48万元/人增加到2016年的105.57万元/人，这反映出行业在供给侧结构性改革深入推进中取得了不错的成果。纺织工业逐渐优化产业结构，加大科技创新投入，大力发展智能制造，充分利用科技革命和产业变革机遇，实现了产业升级，产业效益显著提升。见表2.8。

表 2.8 2014—2016 年各主要行业人均主营业务收入　　　　　　单位：万元 / 人

行业	2014 年	2015 年	2016 年
食品制造业	98.8	103.55	113.2
酒、饮料和精制茶制造业	100.83	104.14	114.01
烟草制品业	414.29	447.11	405.13
纺织工业	93.48	97.83	105.57
皮革、毛坯、羽毛及其制品和制鞋业	45.72	49.87	55.21
家具制造业	60.59	65.63	71.9
造纸和纸制品业	98	103.31	115.04
医药制造业	105	111.63	119.56
汽车制造业	142.1	150.52	168.26
石油加工、炼焦和核燃料加工业	424.34	370.92	394.07
化学原料和化学制品制造业	166.59	169.84	181.64

注　纺织工业数据为纺织业，纺织服装服饰业，化学纤维制造业，纺织、服装和皮革加工专用设备制造数据之和。
资料来源：中国工业统计年鉴

三、发展结构分析

1. 化纤在纤维消费中占据主导地位

据中国纺织工业联合会产业经济研究院统计，纺织纤维加工总量中化纤比重由2012年的77.2％增长至2015年的84％，且结构不断优化。服装、家纺、产业用纺织品三大终端的纤维加工量比重也由2012年的48∶29∶22调整为2016年的45∶28∶27。其中，产业用纺织品的增长日益突出，产业用纺织品的原料90％以上来自化纤，2016年产业用纺织品行业纤维加工总量1450.3万吨，同比增长8.2％。如图2.7和图2.8所示。

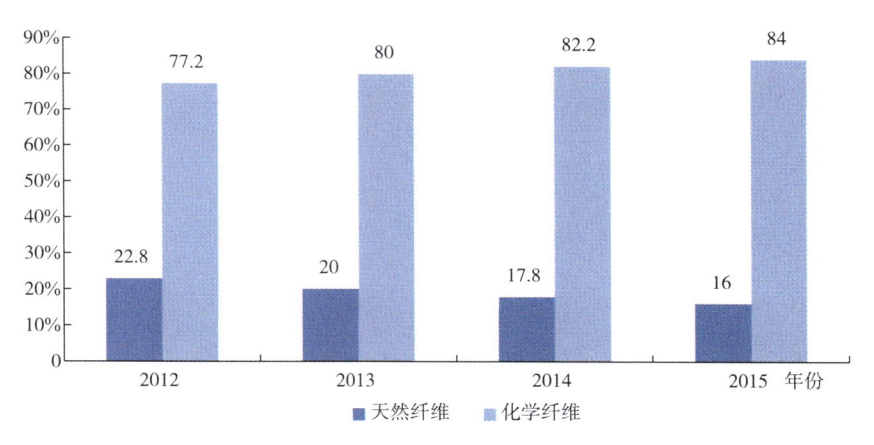

图2.7　2012—2015年各种纤维原料占纤维加工总量比重
资料来源：中国纺织工业联合会产业经济研究院

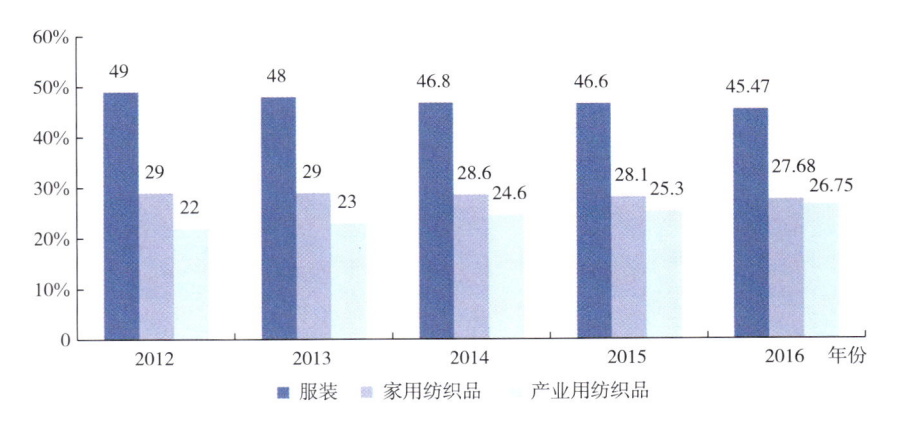

图2.8　2012—2016年三大终端产业纤维消耗占纤维加工总量比重
资料来源：中国纺织工业联合会产业经济研究院

2. 民营企业在中国纺织工业市场占据主体地位

纺织工业是市场竞争最为充分的行业之一，民营纺织企业更是市场经济中极富活力、潜力和创造力的重要组成，已成为建设纺织强国的中坚力量，在促进增长、扩大就业、增强活力、稳定出口等方面发挥了重要作用。2016年，全国纺织工业规模以上企业数39326家，工业销售产值67043亿元，其中，民营企业占比已达24901家和34362亿元。2017年纺织工业民营企业出口1859.47亿美元，行业占比67.7%，较上年增大了1.7个百分点。国有企业和三资企业出口占比分别为10.3%和19.5%，较上年分别减少0.7和1.5个百分点。民营企业占据中国纺织工业市场主体的绝大部分，高度的市场化竞争，使得行业具有更高的资源配置效率和发展活力。见表2.9。

表 2.9　2012 年和 2016 年纺织工业企业性质状况　　　　单位：家

项目	2012 年 国营控股工业企业	2012 年 外商投资和港澳台投资工业企业	2012 年 私营工业企业	2016 年 国营控股工业企业	2016 年 外商投资和港澳台投资工业企业	2016 年 私营工业企业
纺织业	242	3152	13573	186	2361	13614
纺织服装、服饰业	155	4588	7789	163	3243	8922
化学纤维制造业	46	289	1305	43	255	1260

资料来源：中国工业统计年鉴

3. 东部地区在产业链各环节均占主导地位

改革开放以来，在市场资源配置的决定性作用下，纺织工业逐渐在东部沿海地区聚集，形成了一大批产业集群和重点骨干企业。目前，我国纺织工业75%左右的生产力分布在东部地区。根据纺织工业统计年报数据显示，2015年，东部地区规模以上企业主营业务收入占全国的75.1%。从产业链角度看，东部地区在产业链各主要环节都占据主导地位，见表2.10。根据国家统计局数据，2016年，东部地区印染布的产量占全国的95.8%。此外，纱、布和服装产量分别占全国的58.2%、75.7%和76.1%。如图2.9所示。

表 2.10 2015年各地区规模以上企业主要经济指标

区域	企业数量	主营业务收入	利润总额	出口交货值
东部10省	29423个	53076.8亿元	2823.5亿元	7845.4亿元
东部占比	75.9%	75.1%	73.1%	83.2%
东北3省	910个	1257.0亿元	42.4亿元	231.5亿元
东北占比	2.3%	1.8%	1.1%	2.5%
中部6省	6785个	12765.5亿元	761.9亿元	1103.3亿元
中部占比	17.5%	18.1%	19.7%	11.7%
西部12省	1626个	3614.2亿元	232.6亿元	245.5亿元
西部占比	4.2%	5.1%	6.0%	2.6%

资料来源：纺织工业统计年报

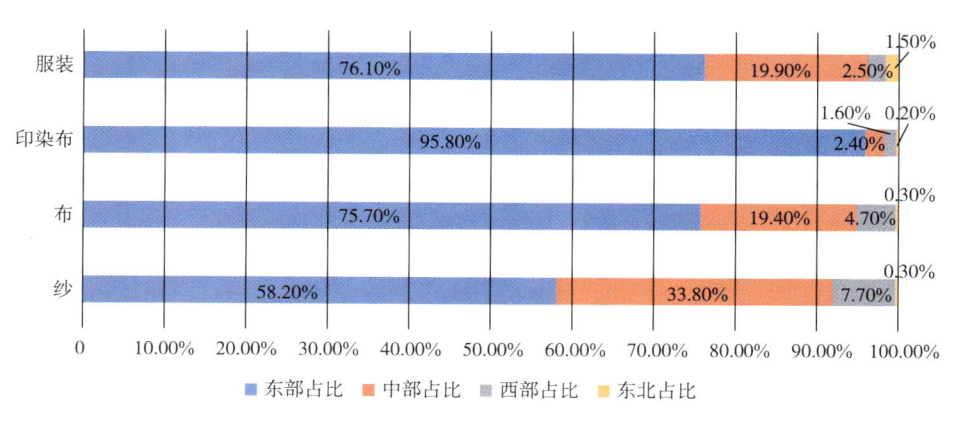

图2.9 2016年纺织工业主要产品在纺织产业链区域布局情况
资料来源：纺织工业统计年报

纺织工业积极响应国家区域发展战略，产业转移有序推进，企业从珠三角、长三角、环渤海地区逐步"北上""西进"。根据纺织工业统计年报数据，中部地区规模以上纺织企业主营业务收入占全国的比重由2005年的7.7%逐步上升到了2015年的18.1%；西部地区从3.5%小幅上升到5.1%。东北地区虽有所波动，但变化不大，见表2.11。从行业固定投资看，2015年，中部6省完成固定资产投资3634.1亿元，比2005年年均增长29.9%，在全国占比30.5%，比2005年上升14.5个百分点；西部12省完成固定资产投资额1116.8亿元，比2005年年均增长26.0%，占全国比重为9.4%，比2005年上升2.7个百分点，见表2.12。其中，新疆纺织工业作为国家重点支持发展促进就业的产业，在产业政策的带动下，完成固定资产投资320.2亿元，比2005年年均增长36.8%。由此可见，产业转移有效推动了中西部崛起，促进了区域间的平衡发展。

表2.11 分地区纺织工业规模以上企业主营业务收入占比变化情况

地区	2000年	2005年	2010年	2011年	2012年	2013年	2014年	2015年
东部地区	81.9%	86.7%	80.6%	78.2%	77.4%	76.1%	75.1%	75.1%
其中：东部5省	66.7%	78.1%	74.6%	72.2%	71.4%	70.4%	69.7%	69.8%
中部地区	10.5%	7.7%	12.0%	14.4%	15.1%	16.2%	17.5%	18.1%
西部地区	4.8%	3.5%	4.8%	5.1%	4.8%	4.9%	5.0%	5.1%

续表

地区	2000年	2005年	2010年	2011年	2012年	2013年	2014年	2015年
东北地区	2.9%	2.1%	2.6%	2.4%	2.7%	2.9%	2.4%	1.8%
长江经济带	57.3%	58.7%	55.1%	53.8%	53.6%	52.7%	52.4%	51.9%
京津冀	6.5%	4.6%	3.8%	4.2%	4.4%	4.4%	4.4%	4.2%

注 东部5省指江苏、浙江、山东、福建、广东5省。
资料来源：纺织工业统计年报

表2.12 2005—2015年中国纺织工业分区域固定资产投资占比（%）

区域	2005年	2006年	2007年	2008年	2009年	2010年	2011年	2012年	2013年	2014年	2015年
东部	72.6	68.7	64.0	57.8	53.3	48.6	56.2	55.3	56.3	56.0	56.9
东北	4.7	5.2	4.0	4.1	5.8	5.7	4.2	4.8	4.7	3.8	3.2
中部	16.0	18.7	24.1	28.6	32.5	36.4	31.7	31.8	30.5	31.1	30.5
西部	6.7	7.4	7.9	9.5	8.4	9.2	7.9	8.1	8.4	9.0	9.4

资料来源：纺织工业统计年报

4. 行业优势资源向龙头企业聚集

目前中国纺织工业正在加速升级，部分中低端产能在加速向东南亚国家转移的同时，优势资源业渐渐向龙头企业聚集，纺织企业加速转型，进入多元化发展阶段。

以化纤行业为例，"十三五"以来，在供给侧结构性改革推动下，化纤行业加快淘汰落后和兼并重组。据统计，2015—2017年并购重组的长丝企业多达11家，涉及总产能达273万吨。其中，恒申控股集团通过收购福邦特荷兰己内酰胺工厂（福邦特有限公司）全部股份以及福邦特中国南京己内酰胺工厂（南京福邦特东方化工有限公司）60%的股权，一跃成为全球规模最大的己内酰胺生产集团之一，并率先打通上下游共8个环节的完整产业链。见表2.13。

表2.13 2015—2017年进行并购重组的长丝企业　　　　　　　　单位：万吨/年

序号	年份	被收购方	产能	收购方
1	2015	华特斯	20	宝信化纤
2	2016	赐富	60	荣盛石化
3	2016	建杰	10	萧山某企业
4	2017	神羊	18	张家港华美
5	2017	龙腾	20	恒逸集团
6	2017	红剑	25	恒逸集团
7	2017	南方	40	绍兴天圣
8	2017	海富	10	绍兴古纤道
9	2017	春晖	10	弘和投资
10	2017	明晖	25	恒逸集团
11	2017	康鑫	35	宁波泉迪国际贸易
合计产能	—		273	—

资料来源：化纤头条、海通证券研究所、浙江省经济和信息化厅

在总量增加有限的情况下，龙头企业通过对小产能的兼并重组，行业集中度不断提升，龙头企业竞争能力不断提升。目前国内已经形成恒逸、荣盛、桐昆、新凤鸣、恒力和盛虹六大民营龙头企业。其中，桐昆集团是中国最大的涤纶长丝生产企业之一，拥有450万吨/年涤纶长丝生产能力，国内市场占有率超过13%。

四、可持续发展能力分析

科技因素是影响纺织工业可持续发展能力提高的主导性因素，具有重要的促进作用。可持续发展的后劲同样取决于行业科技创新与开发能力。根据国家统计局统计，2012—2016年，纺织工业科技投入持续加大，研发机构企业数占行业企业比例、R&D活动的企业数占行业企业比例、R&D内部经费支出占主营业入收入比例分别提升了3.77、6.12和0.11个百分点。纺织工业研发人员规模不断扩大，R&D人员数也从2012年的134278人增加到174661人。行业科技成果转化能力显著提升，有效发明专利数从4289件增加到12396件，提升接近三倍。但与其他行业相比，纺织工业研发投入总体偏低，2016年规模以上工业R&D内部经费支出占主营业入收入的比例为0.94%，而纺织工业只有0.57%，纺织、服装和化纤三个子行业中只有化纤行业超过工业平均水平。未来，纺织工业将围绕建设纺织科技强国战略目标，大力推动行业科技创新和成果转化，加快行业转型升级步伐。如表2.14~表2.18所示。

表2.14 2012—2016年各行业有研发机构企业数占行业企业比例（%）

行业	2012年	2013年	2014年	2015年	2016年
食品制造业	8.86	9.52	10.75	11.00	12.36
酒、饮料和精制茶制造业	9.13	8.89	9.45	9.36	9.87
烟草制品业	25.19	26.92	28.13	28.57	28.91
纺织工业	8.60	9.00	9.76	10.40	12.37
皮革、毛坯、羽毛及其制品和制鞋业	5.24	5.74	6.26	7.66	9.33
家具制造业	5.26	4.97	5.60	7.03	10.11
造纸和纸制品业	5.67	6.02	7.09	8.19	10.49
医药制造业	27.99	28.29	28.12	28.90	30.64
汽车制造业	16.61	16.23	17.26	18.46	20.18
石油加工、炼焦和核燃料加工业	7.76	8.61	10.63	11.11	13.12
化学原料和化学制品制造业	14.88	15.35	16.55	18.02	20.86

注 纺织工业企业数据为纺织业，纺织服装服饰业，化学纤维制造业数据之和。
资料来源：中国科技统计年鉴

表 2.15 2012—2016 年各行业有 R&D 活动的企业数占行业企业比例（%）

行业	2012 年	2013 年	2014 年	2015 年	2016 年
食品制造业	11.07	12.49	14.09	16.01	18.89
酒、饮料和精制茶制造业	10.30	10.98	12.37	13.69	16.09
烟草制品业	39.26	43.85	42.19	40.60	40.63
纺织工业	8.49	9.02	10.24	12.17	14.61
皮革、毛坯、羽毛及其制品和制鞋业	5.35	5.55	6.85	9.56	10.99
家具制造业	6.10	6.72	7.73	9.21	12.00
造纸和纸制品业	7.03	8.37	9.85	11.86	15.17
医药制造业	35.70	37.81	40.66	42.93	47.84
汽车制造业	20.63	21.64	23.74	26.47	30.68
石油加工、炼焦和核燃料加工业	10.76	12.13	14.62	16.84	21.01
化学原料和化学制品制造业	17.95	19.80	22.30	25.81	29.89

注 纺织工业企业数据为纺织业，纺织服装服饰业，化学纤维制造业数据之和。
资料来源：中国科技统计年鉴

表 2.16 2012—2016 年各行业 R&D 人员数量　　　　　　　　　　　　　　单位：人

行业	2012 年	2013 年	2014 年	2015 年	2016 年
食品制造业	36262	41366	45176	47087	50642
酒、饮料和精制茶制造业	31817	31301	37770	34889	37238
烟草制品业	6897	6805	6181	8311	7629
纺织工业	134278	147067	151557	168712	174661
皮革、毛坯、羽毛及其制品和制鞋业	17470	19365	21548	23233	28262
家具制造业	10596	13071	15580	16537	20794
造纸和纸制品业	27005	31420	34593	34393	35939
医药制造业	141545	163248	182530	177028	187542
汽车制造业	220042	251289	274331	290196	313965
石油加工、炼焦和核燃料加工业	20775	19651	23165	22004	21813
化学原料和化学制品制造业	203497	231345	253844	258364	261703

注 纺织工业企业数据为纺织业，纺织服装服饰业，化学纤维制造业数据之和。
资料来源：中国科技统计年鉴

表 2.17 2012—2016 年各行业 R&D 内部经费支出占主营业入收入比例（%）

行业	2012 年	2013 年	2014 年	2015 年	2016 年
食品制造业	0.55	0.53	0.55	0.62	0.64
酒、饮料和精制茶制造业	0.59	0.54	0.60	0.52	0.54
烟草制品业	0.26	0.27	0.23	0.22	0.25
纺织工业	0.46	0.47	0.49	0.54	0.57
皮革、毛坯、羽毛及其制品和制鞋业	0.24	0.27	0.29	0.35	0.39
家具制造业	0.26	0.34	0.37	0.42	0.49
造纸和纸制品业	0.61	0.68	0.71	0.77	0.84
医药制造业	1.63	1.69	1.67	1.72	1.73
汽车制造业	1.11	1.14	1.16	1.27	1.29
石油加工、炼焦和核燃料加工业	0.21	0.22	0.26	0.29	0.35
化学原料和化学制品制造业	0.82	0.86	0.90	0.95	0.96

注 纺织工业企业数据为纺织业，纺织服装服饰业，化学纤维制造业数据之和。
资料来源：中国科技统计年鉴

表 2.18 2012—2016 年各行业专利申请情况　　　　　　　　　　　　　单位：件

行业	2012 年 专利申请数	2012 年 有效发明专利数	2013 年 专利申请数	2013 年 有效发明专利数	2014 年 专利申请数	2014 年 有效发明专利数	2015 年 专利申请数	2015 年 有效发明专利数	2016 年 专利申请数	2016 年 有效发明专利数
食品制造业	4716	2375	5421	3105	6180	4411	6677	6431	7673	7863
酒、饮料和精制茶制造业	3699	1290	3863	1538	4312	1817	3610	2595	3761	3298
烟草制品业	1581	710	2634	1168	2257	1605	3110	2950	3318	3081
纺织工业	21175	4289	20981	5852	23734	7716	32539	8537	24616	12396
皮革、毛坯、羽毛及其制品和制鞋业	3247	594	3538	712	4034	1506	5026	872	5265	2050
家具制造业	3897	814	4826	880	5009	2073	9181	1764	10629	4031
造纸和纸制品业	3445	1042	3278	1282	4351	1877	3982	2558	5008	4741
医药制造业	14976	15058	17124	19558	19354	24799	16020	31259	17785	37463
汽车制造业	31297	11605	38237	14106	44284	18840	46820	23194	57906	34481
石油加工、炼焦和核燃料加工业	1441	1514	1600	1710	2078	1900	1912	2775	1805	3061
化学原料和化学制品制造业	23143	16777	27165	22005	30482	29433	28778	37649	34739	48805

注 纺织工业企业数据为纺织业，纺织服装服饰业，化学纤维制造业数据之和。
资料来源：中国科技统计年鉴

金融是实体经济的血脉，行业的可持续发展离不开资本支持。当前，在中国大陆、中国香港及海外上市的纺织服装企业超过300家。根据国家证监会发布的资料，截至2017年底，沪深两市与纺织服装有关的上市公司约有199家，总市值为22167.95亿元。纺织企业户数和市值在沪深两市上市公司中的占比分别为5.71%和3.91%。由于资本市场对行业存在一定的认知偏差，上市企业的数量与规模与行业贡献度严重不符，企业应用资本市场的意识与能力有待增强。见表2.19。

表2.19 2017年纺织服装类企业在沪深两市和新三板的数量与规模情况

	数量	数量占比	市值（万亿元）	市值占比	股本（股）
沪深两市A股	3485	—	56.71	—	6121637064804
新三板挂牌企业	11630	—	4.94	—	—
与纺织服装有关的A股公司	199	5.71%	2.22	3.91%	232005417121
主营纺织服装A股公司	166	4.76%	1.54	2.72%	156212029267
主营纺织服装挂牌企业	166	1.43%	0.0382	0.77%	—

资料来源：证监会、上市公司年报

纺织工业具有产品品类多、产业链长的特征，每个环节都与生态环境关系紧密，行业绿色发展对于实现污染防治意义重大。2015年，在生态环境部调查统计的41个工业行业中，纺织业在工业废水排放量、化学需氧量排放量、氨氮排放量三个指标中分别位列第3、第4、第4位，均属于重点排放行业。未来，纺织工业需进一步提高小浴比染色、平幅式连续水洗等先进工艺技术与装备推广应用比例，提升行业可持续发展能力。如表2.20所示。

表2.20 2012—2015年纺织业污染排放情况

年份	工业废水排放量（亿吨）			化学需氧量排放量（万吨）			氨氮排放量（万吨）		
	纺织业	全国工业	占比（%）	纺织业	全国工业	占比（%）	纺织业	全国工业	占比（%）
2012年	23.70	221.6	10.69	27.70	338.5	8.18	1.90	26.4	7.20
2013年	21.50	209.8	10.25	25.40	319.5	7.95	1.80	24.6	7.32
2014年	19.60	205.3	9.55	23.90	311.3	7.68	1.70	23.2	7.33
2015年	18.40	199.5	9.22	20.60	293.5	7.02	1.50	21.7	6.91

资料来源：生态环境部

五、存在问题

工业布局不合理。虽然中西部地区纺织业具有成本、原料的优势，但由于自然禀赋和历史传统等原因，东部纺织业长期以来均明显处绝对优势地位。东中西部产业分工不明显，没有形成发挥各自比较优势的互补性格局。自主创新能力薄弱。我国纺织工业企业研发投入比例与发达国家仍有差距，严重阻碍了行业的产品创新和工艺创新能力，影响企业转型升级步伐。产融合作有待增强。长期以来，资本市场对行业存在一定的认知偏差。一些不符实际、不合时宜的印象锁定，使得融资问题长期掣肘行业创新发展。资源环境压力日渐加大。纺织企业普遍面临持续增加的环保压力，环保资金投入不断加大，外部因素的不确定性使部分企业在环保技改项目上的主动性和积极性不高，长期规划和进一步发展的意愿不强。

第二节　产业配套与产业集群

一、产业配套完善，体系化竞争优势明显

由手工纺织业转化、发展而来的现代纺织工业，经过两个半世纪的发展，已远远超出棉、毛、麻、丝纺织染各行各业的传统格局，衍生出多个新的关联行业、新的生产领域。中国纺织工业形成了全球最完备的产业链，产品结构也更加多元。当前，纺织产业链拥有棉纺、毛纺、麻纺、丝绸、印染、化学纤维制造业、服装、家用纺织品、产业用纺织品、纺织机械制造业等行业，并在发展过程中细分出化纤长丝织造业、非织造布制造业和纱线染色、织物特种整理等专门化行业。完备的基础设施和产业配套使得产业链上下协同、产业间协作具有良好的基础与巨大的发展空间，在国际上形成体系化竞争新优势。如图2.10所示。

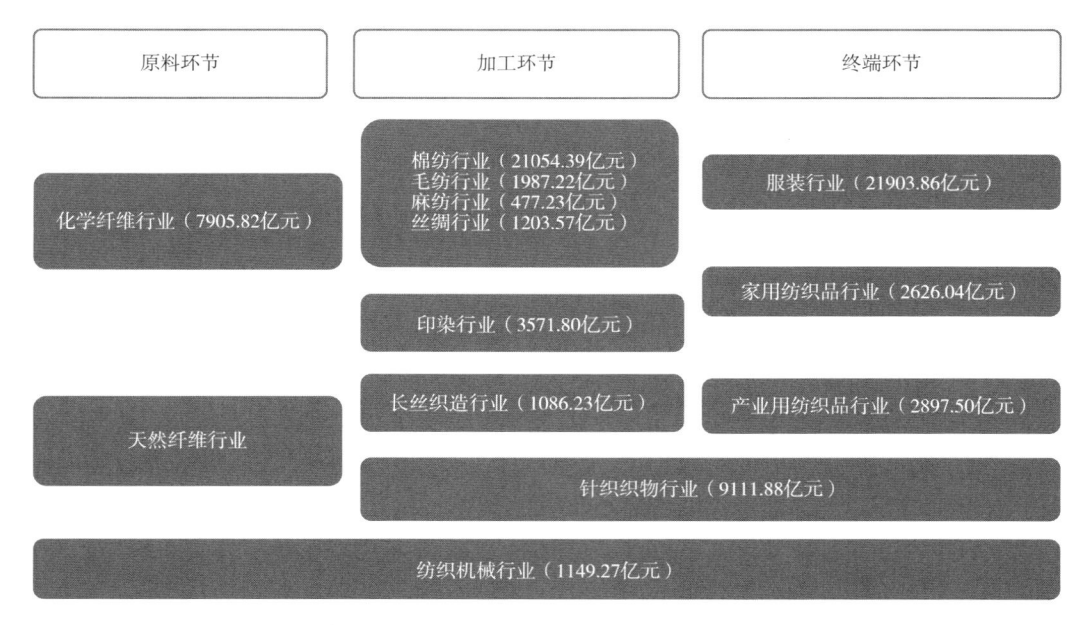

原料环节	加工环节	终端环节
化学纤维行业（7905.82亿元）	棉纺行业（21054.39亿元） 毛纺行业（1987.22亿元） 麻纺行业（477.23亿元） 丝绸行业（1203.57亿元）	服装行业（21903.86亿元）
	印染行业（3571.80亿元）	家用纺织品行业（2626.04亿元）
天然纤维行业	长丝织造行业（1086.23亿元）	产业用纺织品行业（2897.50亿元）
	针织织物行业（9111.88亿元）	
	纺织机械行业（1149.27亿元）	

图2.10　2017年中国纺织工业产业链构成及各行业主营业务收入情况
资料来源：中国纺织工业联合会

1. 棉纺织行业

棉纺织行业是中国纺织工业中最大的基础性行业之一。中华人民共和国成立以来，全国纱、布产量逐年增长，主营业务收入、利润总额等稳步提高。据国家统计局统计，2017年，规模以上棉纺织企业完成主营业务收入21054.4亿元，与2012年相比提升了26.2%；纺纱、织布产能分别为1.18亿锭、118万台；纱、布产量增长到2000万吨、610亿米；利润总额和固定资产投资分别达到1000亿元以上和3000亿元以上；自动络筒机、无梭织机的占比分别达到

95%和80%以上；纺纱万锭用工从300多人减少到60人，目前国内一些智能化纺纱生产线，万锭用工已下降到10人以下。当前，棉纺织生产加工每年使用的棉花约占世界的30%，使用的化纤短纤占世界的70%；纺纱和织造产能、纱线和棉型织物产量、棉制纺织品出口量、棉纺织年投资额、装备水平、安排就业人数及拥有的技能人才等均为世界第一。

2. 毛纺织行业

中国毛纺行业在世界上占有举足轻重的地位，已成为世界羊绒生产、加工和消费第一大国，形成产品门类齐全、上下游配套完整的产业体系，长三角地区更是发展成为全球重要的人造毛皮生产基地。2001—2017年，中国年均进口羊毛（净毛）30.9万吨，年均加工羊毛（净毛）达41.2万吨，形成供需基本平衡，设备技术先进，布局相对合理的产业格局。同时，毛纺行业装备水平和技术水平不断提高，实现纺纱无接头化、织布无梭化，产品质量大幅提升。2010年，山东如意科技集团的如意纺技术获得国家科技进步奖一等奖，填补了天然短纤维纺超高支纱线的技术空白，成为中国首个具有自主知识产权的新型纺纱技术。目前，中国毛纺行业的加工技术日益提高，产品附加值大幅提升，产品质量已处于世界领先水平，成为国际毛纺舞台上的重要力量。

3. 丝绸行业

中国作为种桑养蚕的发源地，桑蚕产业是中国传统优势产业，而丝绸更是中国的"瑰宝"，是中华文化价值的代表。自从改革开放以来，中国茧丝绸行业迅猛发展，一举成为世界茧丝绸生产、加工与贸易大国。丝绸行业多年以来保持了稳定运行。据国家统计局统计，规模以上丝绸企业主营业务收入从2012年的1111.19亿元平稳提升至1203.6亿元；利润总额从59.4亿元平稳提升至64.8亿元，行业发展稳中有进。2017年中国生丝和真丝绸缎净出口额分别为53815万美元和57918万美元，均列世界首位；丝绸制品净出口额225450万美元，仅次于印度位居世界第二位。同时，据中国丝绸协会初步匡算，2017年全国丝绸内销比重已经超过六成，已经初步形成了内销为主，外销为辅的局面。

4. 麻纺织行业

中国是世界上麻类资源最丰富的国家之一，麻纺织行业是中国具有资源、生产和国际贸易比较优势的天然纤维特色产业。世界上一些主要的麻类作物中国都有种植，其中，苎麻基本属于中国特有的植物种类。中国的苎麻纺织、亚麻纺织、黄麻纺织三大类已形成比较完整的生产加工体系及相当规模。据国家统计局统计，2017年全国295户规模以上麻纺织企业主营业务收入477.29亿元，利润总额21.21亿元，利润率4.45%。亚麻企业累计生产亚麻布（含亚麻≥55%）2.08亿米；苎麻企业累计生产苎麻布2.33亿米。当前，苎麻纺织、亚麻纺织的生产和贸易居世界首位。苎麻的生产量和加工量占全世界苎麻生产量、加工量的九成，亚麻加工量占全世界亚麻加工量的七成。

5. 化学纤维行业

化纤行业是纺织工业整体竞争力提升的重要组成部分。随着国家对民营企业进军炼化领域政策的放开，化纤产业链龙头纷纷进军炼化领域，向上游PX扩增产能，基本实现了全产业链一体化布局。近十年来，中国化纤产量始终保持增长态势，年均增长7.38%。2017年，中国化学纤维产量4919.6万吨，世界占比73.5%。同时，中国化纤行业技术开发和自主创新能力明显增强。中国已成为产品覆盖面及应用范围最广的国家，碳纤维、芳纶和超高分子量聚乙烯三大品种产量更是占到全球产量的三分之一。化纤产品差别化率从2013年的55%增长到2017年的63.1%。国内产、学、研结合自主创新的聚酯和涤纶长短丝直接纺技术装备，荣获国家科学技术进步三等奖；自主研发的年产4.5万吨的粘胶纤维生产线，荣获国家科学技术进步一等奖；中复神鹰碳纤维有限责任公司"干喷湿纺千吨级高强/百吨级中模碳纤维产业化关键技术及应用"荣获国家科学技术进步一等奖，首次构建了具有自主知识产权的干喷湿纺千吨级高强/百吨级中模碳纤维产业化生产体系。

6. 针织行业

针织行业是纺织工业的重要组成部分，在整个纺织生产中比重越来越大。特别是近年来随着智能技术、全成型技术的发展，针织品已经从内衣转向外衣，并在产业用领域得到了进一步扩大，行业生产质效不断提升。2017年，规模以上针织织物企业主营业务收入5815.78亿元，同比增长7.01%；规模以上针织服装企业主营业务收入3296.1亿元，同比增长5.39%。同时，行业内外市场稳定增长。针织行业规上企业内销占比逐年提高，由2012年的66.87%增至2017年的74.30%。据中国海关统计，2017年针织行业全年实现出口882.65亿美元，占中国纺织品服装出口金额的33.06%。外销市场针织面料出口金额占比由2012年的11.42%增至2017年18.59%，其中，技术含量高的印染类针织面料在国际市场竞争力显著提升。

7. 印染行业

印染行业是纺织产业链的中间环节，产品关联环节多，生产流程长，工艺复杂，科技含量高。印染及其后整理的水平在一定程度上反映了一个国家纺织工业的水平，是体现纺织产品经济价值和提高纺织品及服装、装饰织物附加值的重要因素。当前，中国印染行业运行质效基本良好，盈利能力稳中有进。规模以上印染企业实现主营业务收入从2012年的3293.44亿元提升至2017年的3571.80亿元，实现了稳步增长。印染行业深化供给侧结构性改革，加大清洁技术研发力度，大量节能降耗减排新技术得到广泛应用。小浴比染色、平幅式连续水洗等先进工艺技术与装备推广应用比例进一步提高；单位产品水耗由2.5吨/百米下降到1.8吨/百米；水重复利用率由15%提高到30%以上。行业技术水平不断提高，营运能力持续增强。

8. 长丝织造业

化纤长丝织造产业是增长最快的纺织产业之一，已成为中国仅次于棉纺织行业却远高于其他几个行业的第二大机织产业。随着科技的进步，长丝制造业得到了快速发展，化纤长丝织造的应用已经逐步从服装用纺织品扩展到家用纺织品和产业用纺织品领域。化纤长丝织物总产量从2000年的41亿米上升到2017年的482亿米，年平均增速超过15%。同时，化纤长丝织物以年出口超过140亿米的产量位居机织面料之首，成为中国纺织工业中发展最快的产业之一。据中国海关数据，2017年中国化纤长丝织物累计出口124.05亿美元，同比增长5.77%；实际出口数量达141.22亿米，同比增长10.02%，占中国纺织织物出口量的47.25%，出口贡献率高达96.96%。

9. 服装行业

服装行业是中国具有国际影响力的传统优势产业，以其悠久的历史、精湛的技艺、丰富的内涵闻名世界。当前，中国已经成为世界上最大的服装生产国和服装出口国。根据中国服装协会测算，2013—2017年，全社会服装产量由439亿件增长至456亿件，年均增长0.95%，相当于为全世界75亿人年均提供6.08件服装；根据WTO数据，2016年中国服装出口额占全球服装出口总额的36.4%，在全球服装出口国家中遥遥领先。同时，服装行业加快科技创新步伐，在智能制造领域取得新突破。三维人体测量、服装3D可视化及模拟技术精准性大幅提高，大规模定制技术的产业化应用取得新进展，以"智能吊挂系统+自动缝制单元或自动模板缝制系统+全自动立体仓储物流系统"为主的全流程自动化制造模式大量采用，智能化现代工厂不断涌现，中国正迈开大步向服装强国挺进。

10. 家纺行业

家纺行业是纺织深加工、高附加值的行业，也是纺织工业重点扶持发展的分产业。据国家统计局统计，家纺行业规上企业主营业务收入从2011年的2055.19亿元增至2017年的2626.04亿元，提升21.74%，实现了快速发展。近年来，家纺行业通过深化供给侧改革，以消费者为中心和导向，通过发展大家居和渠道多样化，增强产品供给对需求变化的适应性和灵活性，满足了人民日益增长的消费需求，2017年实现内销产值2029亿元，同比增长5.43%。随着行业的做大做强，家纺产品出口增幅明显。据中国海关统计，家纺产品出口额从2010年的297.80亿美元提升至2017年的394.65亿美元，传统美欧日市场均实现数量和出口金额双增长。

11. 产业用纺织品制造业

产业用纺织品制造业已经成为中国纺织工业实现由大到强转变的重要增长点。产业用纺织品在医疗、建筑、汽车环保等终端行业的应用不断增长，中国已经成为全球最大的产业用纺织品生产国、贸易国和消费国。行业产量占全球1/3以上，纤维加工总量由2011年的910万吨增至2017年的1508.3万吨，占纺织纤维加工量的27.8%。产业用纺织品行业及相关领域经过多年的发展，科技技术水平显著提升。纺粘熔喷技术跨越三阶段接近甚至超过世界先进水平，水刺技术快速发展成为亚洲最大产销基地之一。

12. 纺织机械制造业

纺机行业是拥有包括化纤机械、纺纱机械、染整机械等600多类产品的门类齐全的生产制造产业，中国已成为全球纺织机械生产制造规模最大、产品品种最全的国家之一。2017年，中国共向181个国家和地区出口纺织机械产品，纺织机械出口34.39亿美元，与2011年相比提升了53.2%。其中，针织机械出口额为10.42亿美元，占比30.30%，位居首位。如今，国产纺织装备水平不断提高，行业中等规模以上企业信息化应用比率已超过70%，纺纱系统自动化检测、印染在线检测自动配送系统等设备已实现应用。国产纺织机械在满足用户需求、突破跨界应用、实现智能制造三方面取得突出进展，部分技术达到国际领先水平。如山东康平纳集团研发的筒子纱数字化自动染色系统，获得国家科学技术进步一等奖，使中国成为世界上首个突破全流程自动化染色技术并实现工程化应用的国家。

二、集群效应显著，成为比较优势的代表

纺织工业完善的产业链配套体系使得上下游产业链紧密衔接，在市场作用下催生出众多的产业集群。特别是改革开放以来，产业集群已成为纺织工业新型社会化生产方式的组成部

分。这些主要以县镇区域经济为主的地区集群，产品特色突出，规模效益明显，在有效配置生产要素资源、提升企业运行效率、促进行业健康可持续发展等方面发挥着重要作用。

1. 产业集群分布情况

2017年，纺织工业209家试点集群分布在以长江三角洲、珠江三角洲、海西地区和环渤海三角洲为主的21个省区，其中，长江经济带沿岸九省二市纺织服装产业集群数量占到全国纺织服装产业集群总数的50%。未来，纺织工业将重点推动长江经济带建设世界级纺织服装产业集群。从具体省份看，广东、浙江、江苏、福建、山东等沿海五省最为集中，五省集群数量占全国集群总数的3/4，其中浙江以44个试点集群位居全国首位。此外，209家产业试点集群中有10个试点地区年主营业务收入过千亿元，4家专业市场年销售额过千亿元。10个主营业务收入过千亿元的产业集群中有5个分布在江苏和浙江两省，分别是浙江省的绍兴市柯桥区、杭州市萧山区、桐乡市，江苏省的江阴市、常熟市。此外，4个交易额超千亿元的服装专业交易市场中有3个位于江苏、浙江两省，分别位于常熟市、绍兴市柯桥区、苏州市吴江区盛泽镇。如表2.21和图2.11所示。

表 2.21 2017 年中国纺织工业分区域产业集群数量 单位：个

区域	东部	东北	中部	西部
纺织产业基地	24	1	4	1
特色名城	48	8	14	9
特色名镇	92	2	5	1
合计	164	11	23	11
占比（%）	78.5	5.3	10.9	5.3

资料来源：中国纺织工业联合会

图2.11 2017年中国纺织工业产业集群地区分布
资料来源：中国纺织工业联合会

2. 产业集群地位与作用

当前，纺织集群地区已经成为中国纺织工业的重要基础，成为纺织服装产品的主要生产地。纺织产业集群充分体现了中国纺织工业的整体制造水平、科技应用水平和产业竞争力水平，为社会经济、产业经济和地方经济发展做出了突出贡献。

根据纺织服装试点集群统计显示，2015年，集群企业工业总产值39842.23亿元，三年年均增长3.37%；其中规模以上企业31181.79亿元，三年年均增长4.33%。主营业务收入37983.17亿元，三年年均增长0.53%；其中规模以上企业为29891.64亿元，三年年均增长2.23%。利润总额2210.14亿元，三年年均增长1.68%；其中规模以上企业1698.50亿元，三年年均增长3.17%。2015年，集群内规模以上企业的主营业务收入占中国纺织工业规模以上企业的42.27%，利润占44%，产业集群已经发展成为纺织工业的半壁江山。

在地方经济中，各地依托纺织产业集群优势，加强小镇建设、园区建设，不断推动产城融合发展。目前，纺织工业在主要集群地的经济比重，低的在20%~30%，高的达90%以上。以中山市沙溪镇为例，2017年，全镇99家规模以上工业企业中近70家为服装企业，服装工业产值占全镇工业总产值的比重高达70%。同时，纺织产业集群对解决农民脱贫致富、转移农村富余劳动力，推进农村城镇化建设和全面建成小康社会起到重要作用。2017年，湖南省华容县全县从事棉花种植的棉农近10万人，直接从事轧花、纺织加工的1.2万人，相关贸易、物流人员8000人，纺织工业在增加农民收入、缓解就业压力方面发挥了重要作用。

纺织产业集群是我国纺织工业在市场配置资源发挥基础作用的条件下，形成的重要经济结构，支撑纺织工业的半壁江山。在全球贸易关系愈加复杂的环境下，建设世界级先进纺织产业集群对中国纺织工业的高质量发展具有重要的战略意义，是纺织工业的竞争优势所在。

三、存在问题

目前，纺织产业集群内的企业多数是以劳动密集型的加工型企业为主，同质化发展和同质化竞争表现明显，差异化、特色化发展不足。特别是在产业转移过程中，中西部地区产业体系总体尚不完善，生产要素及配套服务市场发展缓慢，严重制约了当地产业集群的数量、规模及发展水平。此外，集群企业尚未形成与社会和生态环境协调共进的发展机制，在科技和资本投入上与发达国家存在较大差距，尚未形成以创新驱动的发展格局。同时，产业集群的品牌意识和区域品牌影响力亟待提升。

第三节 市场发展

一、国内市场

当前，中国社会的主要矛盾已经转化为人民日益增长的美好生活需要和不平衡不充分的发展之间的矛盾。随着新型城镇化的推进和居民收入的增长，中国形成了世界上超大规模的中等收入群体，市场潜力巨大。据国家统计局统计，2017年，中国衣着类人均消费支出1238元，总计支出约为1.7万亿元；服装鞋帽、针纺织品零售达14557亿元，同比增长7.8%，增速较上年提高0.8个百分点，7年以来首次增速提高。由此可见，纺织工业在满足人民日益增长的美好生活需要上发挥着巨大作用。如图2.12和图2.13所示。

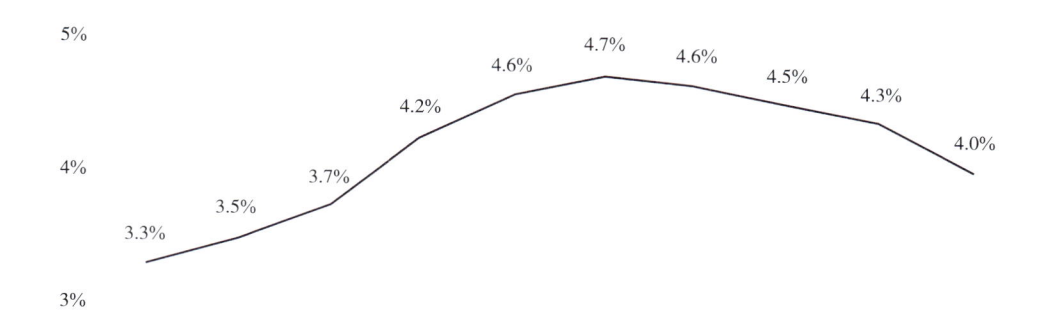

图2.12　中国服装零售占社会商品零售比重

资料来源：中国纺织工业联合会产业经济研究院

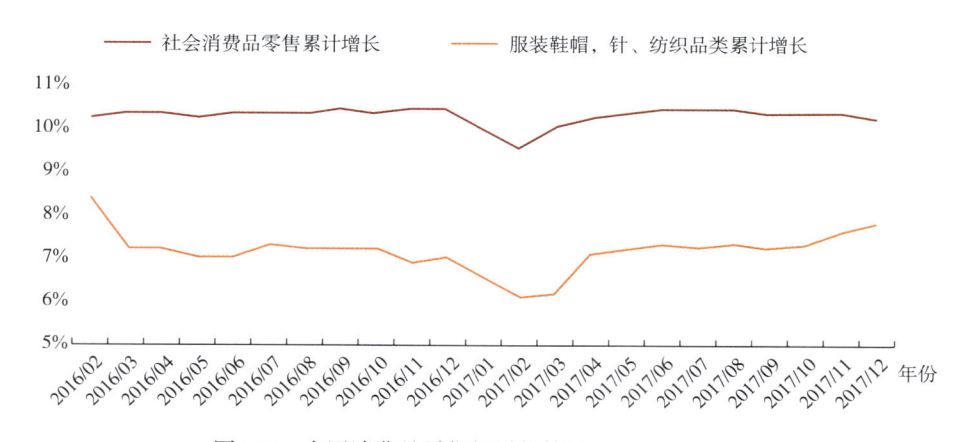

图2.13　中国消费品零售额增长情况

资料来源：中国纺织工业联合会产业经济研究院

1. 农村消费表现出更加强劲的增长势头

当前，国民消费仍处于不同阶段并存的状态，生存消费、生活消费、品质消费，以及更高层面的体验消费等多种形态在全社会广泛存在。但在乡村振兴战略、精准扶贫等政策影响下，农村消费市场日渐成为焦点，未来，农村将是消费重要的增量市场。

目前一二线城市依旧是高端消费的主要战场，但受到住房、教育等支出的"挤压"，服装消费在"高负债中产""隐形贫困人口"等群体中存在"消费降级"的现象。而受政策利好、收入提高和消费升级等因素影响，三四线城市以及农村市场的消费能力正在迅速提升，市场潜力巨大。据电子商务研究中心监测数据显示，2017年农村网购市场快速增长，增速超过城市，网络零售市场规模达12448.8亿元，同比增长39％。同时，据国家统计局统计，2017年，中国农村居民人均消费支出10955元，其中衣着消费支出612元，占比5.6％。以中国5.8亿农村人口计算，农村至少存在千亿级的服装消费市场空间。纺织服装企业已经开始调整布局，进一步渗透潜力巨大二三线城市和农村市场。如水星家纺深入二三线城市市场，实现了很好发展。如图2.14所示。

图2.14 2007—2016年中国城镇居民和农村居民人均衣着消费支出情况

资料来源：国家统计局

2. 消费人群开始变化

随着以80后、90后为代表的、崇尚个性的新世代逐渐成为消费主力，中国主力消费人群正呈现年轻化趋势。"男性精致""女性炫酷""中性风"等都彰显着新一代消费主力的不同，同时，伴随着90后财务更加自由，新一代的消费能力会越来越强。另外，细分市场正在成为价值来源。育儿观念的改变与二胎政策放开，使得童装消费需求愈加强烈。有关统计表明，2016年中国童装市场规模约1450亿元，预计2016.2021年童装行业复合增速为6.3%。与此同时，老龄化及老龄人口在收入与文化上的结构变化，使得"银色经济"同样蕴含巨大空间。据国家统计局统计，2017年，我国大陆60周岁及以上人口约2.4亿人，占总人口的17.3%。未来，纺织工业将在满足多元市场消费需求中发挥更加重要的作用。见表2.22。

表 2.22 2014—2017 年部分童装品牌运营情况（%）

增速	巴拉巴拉	安奈儿	ABC KIDS	Mini Peace	361° KIDS
2014 年	24.91	12.24	32.85	153.94	20.95
2015 年	24.81	6.02	23.36	109.97	15.94
2016 年	26.52	9.53	9.42	65.91	10.53
2017 年	26.4	12.07	8.56	37.48	9.22

资料来源：公开资料整理

3. 新经济成为消费重要来源

21世纪是科技与信息快速发展的时代，互联网已经成为我们日常生活中必不可缺的一部分。截至2018年6月30日，我国网民规模达8.02亿，互联网普及率为57.7%。据电子商务研究中心监测数据显示，2017年国内网络零售市场交易规模达71751亿元，同比增长39.17%；占社会消费品零售总额19.6%，较2016年的14.9%，增幅提高了4.7%。新经济加快成为经济发展新动能。

纺织工业是电子商务蓬勃发展的有力依托，行业电子商务蓬勃发展。利用"互联网+纺织"突破原有的地域限制，拓宽了传统纺织企业的销售渠道和市场，促进纺织工业进一步打通上下游产业链，打破制造商与消费者之间的壁垒，实现了"质优价廉"的产品供给，更好地满足市场消费需求。2017年，中国电子商务交易总额达29.2万亿元，其中，纺织工业电子商务交易额约5.34万亿元，同比增长20%左右，约占全国电子商务交易额的五分之一。纺织工业在新经济的发展中发挥了引领作用。据艾瑞咨询统计，2018年，日用百货、服装鞋帽、家居用品及食品饮料成为网购用户最经常购买的品类，其中服装鞋帽位居首位，占比为27.4%。如图2.15~图2.17所示。

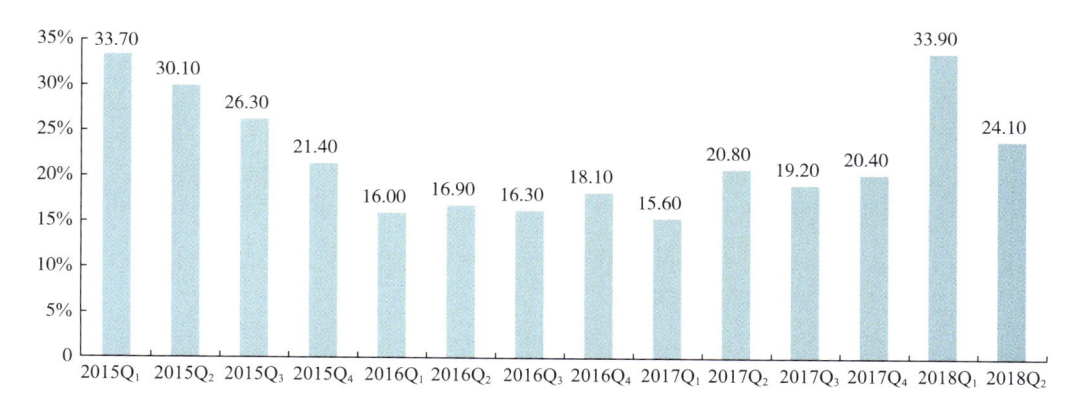

图2.15 2015第一季度—2018第二季度中国网上穿着类商品网络销售额增长情况
资料来源：中国纺织工业联合会产业经济研究院
（Q₁—第一季度　Q₂—第二季度　Q₃—第三季度　Q₄—第四季度）

图2.16 2011—2017年纺织工业电子商务交易额
资料来源：中纺联信息化部，流通分会

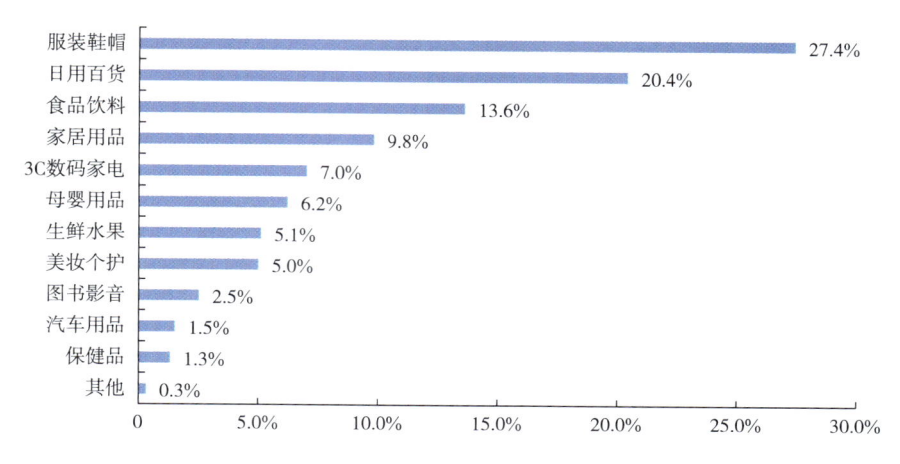

图2.17 2018年中国网购用户经常购买的品类
资料来源：艾瑞咨询

二、国际市场

1. 纺织工业是国际产能合作的重要产业平台

20世纪80年代中后期，在取消布票、服装行业归口纺织系统管理，特别是国务院明确提出用好国内、国际"两种资源、两个市场"等一系列新因素推动下，纺织工业积极顺应全球产业转移和对外开放的历史潮流，"三来一补"外向型经济迅猛发展。经过几十年的发展历程，纺织工业利用国际资源的重心已从最初的产品、资本、技术的"引进来"转变为"走出去"。根据商务部统计，2003—2017年，中国纺织工业对外直接投资累计88.1亿美元，年均增速为18.91%，占制造业对外直接投资累计总额的7.61%。其中，纺织工业对外直接投资存量55.7亿美元；纺织服装、服饰业对外直接投资存量23.2亿美元；化学纤维制造业对外直接投资存量9.2亿美元。中国企业在海外设立纺织服装生产、贸易和产品设计企业分布在超过100个国家和地区，涵盖东南亚、北美、欧洲、澳洲、非洲等重点区域。纺织工业对外投资几乎涵盖整个纺织服装产业链，从上游的棉花、浆粕、麻等原材料，到棉纺、毛纺、化纤等中间产品制造，再到终端的服装、家纺产品和纺织机械等都有涉及。据商务部不完全统计，截至2016年底，中国企业已在境外设立纺织业以及纺织服装、服饰业企业1082家，比2015年增长了8.3%。

从"走出去"的过程看，纺织工业经历了"产品走出去""产能走出去""资本走出去""品牌走出去"。例如安踏收购FILA、Kolon等品牌，成为具有国际竞争优势的体育用品集团；申洲国际越南面料厂总投资额已超3亿美元，年底产能达250吨/天；江苏阳光集团在埃塞俄比亚阿达玛工业园建设一个总投资9.8亿美元的大型纺织服装生产基地等。目前，骨干纺织企业通过跨国收购、绿地投资、资本运作等途径积极开展全球产业链布局与跨国资源整合。截至2017年底，纺织工业境外投资企业已逾千户，年营业收入超过100亿美元。"一带一路"沿线国家更是成为中国纺织工业境外投资的主要目的地。"一带一路"倡议提出后，纺织工业对带路沿线投资增长明显。2013—2017年前三季度，中国纺织工业对"一带一路"沿线的总投资额为54.94亿美元，约占同期纺织工业对外投资总额的84.71%。如表2.23和图2.18所示。

表 2.23 2017 年 1—9 月中国纺织工业对外投资情况　　　　单位：亿美元

目的地	投资金额	目的地	投资金额
新加坡★	3.27	缅甸★	0.31
中国香港★	2.04	美国	0.28
越南★	1.21	开曼群岛	0.25
埃塞俄比亚	0.91	乌兹别克斯坦★	0.22
英属维尔京群岛	0.38	马来西亚★	0.16

注　★为"一带一路"沿线国家和地区。
资料来源：国家商务部

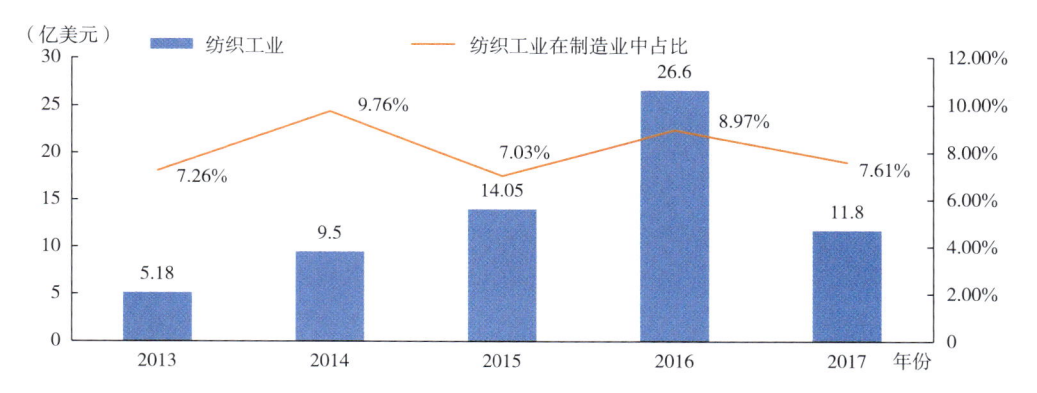

图2.18 2013—2017年中国纺织工业对外投资情况
资料来源：中国纺织工业联合会产业经济研究院

2. 纺织工业是构建人类命运共同体的积极践行者

中国古代汉唐盛世、曾经出现过"齐鲁衣被天下"的盛况，现今，中国纺织工业不仅有效满足了占全世界五分之一人口的国内纤维消费需求，还为其他国家提供了2000多万吨的优质纤维制品。作为全球化程度最高的行业之一，中国纺织工业秉承合作共赢、开放包容的发展理念，以积极的态度和落实的行动，推动新型世界纺织工业命运共同体的构建。

中国自2001年加入WTO以后，在国内外市场需求的强劲推动下，纺织工业开始快速发展，纺织品、服装出口持续增长。到2017年，中国纺织品服装出口均列世界首位，出口总额从2000年的530.4亿美元提升至2745.1亿美元，世界占比从15%增加到36.8%，成为当之无愧的"世界工厂"。见表2.24。

表2.24 2001—2017年中国纺织品服装出口额及占世界比重　　　　单位：亿美元

年份	中国纺织品服装出口额	占全球纺织品服装出口额比重
2001年	543.2	15.60%
2002年	630.2	17.40%
2003年	804.8	20.30%
2004年	973.9	21.00%
2005年	1175.4	23.85%
2006年	1440.6	27.19%
2007年	1715.5	29.40%
2008年	1857.7	30.30%
2009年	1670.9	32.20%
2010年	2120.0	34.30%
2011年	2541.2	35.20%
2012年	2625.6	36.00%
2013年	2920.8	37.10%
2014年	3069.6	37.40%
2015年	2911.5	38.00%
2016年	2670.9	36.68%
2017年	2745.1	36.80%

资料来源：纤维年报、中国纺织工业联合会产业经济研究院、纺织工业统计年报

从纺织业出口地区来看，中国纺织工业出口、参与国际分工和实现贸易增长主要集中在欧盟、美国、日本等传统市场，但随着"一带一路"建设的深入开展，新兴区域市场正在重塑中国纺织品服装对外贸易格局。"一带一路"及非洲成为行业出口增长新亮点。其中，对"一带一路"沿线国家的纺织品服装出口增速高于行业出口增速。中国对"一带一路"沿线国家的纺织品服装出口金额从2010年的709.14亿元增长至2017年的914.7亿美元，提升了29%。如图2.19、表2.25、表2.26所示。

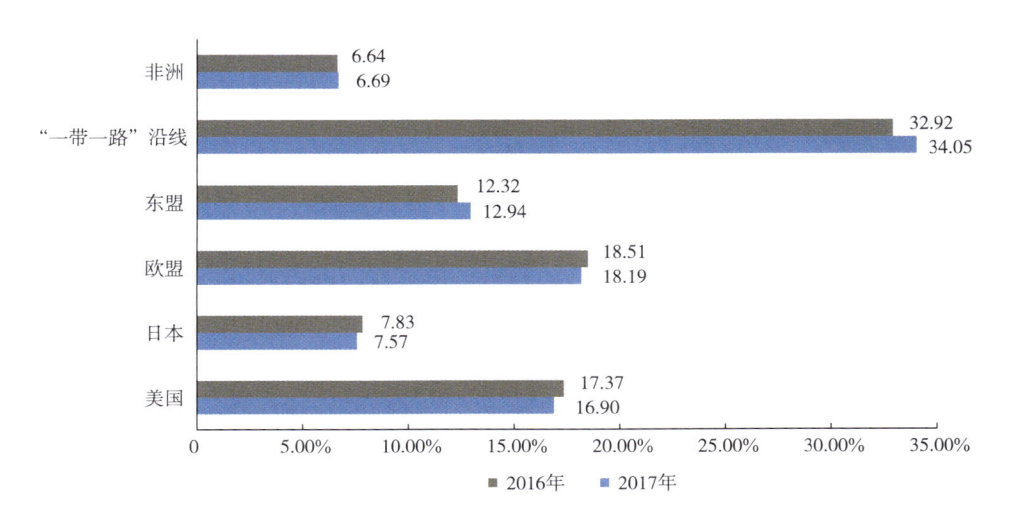

图2.19 2016年、2017年中国纺织品服装出口市场结构
资料来源：2017/2018年中国纺织品服装对外贸易报告
中国纺织工业联合会产业经济研究院

表2.25 2011—2017年中国对"一带一路"沿线国家纺织品服装出口金额　　单位：亿美元

年份	2011年	2012年	2013年	2014年	2015年	2016年	2017年
出口金额	709.14	813.0	985.17	1030.03	944.8	889.14	914.7

资料来源：中国纺织工业联合会产业经济研究院

表2.26 2017年中国对非洲纺织业贸易情况

品类	出口金额（亿美元）	占比（%）	进口金额（亿美元）	占比（%）
纺织品服装	179.57	6.69	2.63	1.07
服装（含衣着附件）	77.71	4.91	2.35	3.27
纱线面料	77.92	11.69	0.14	0.10
纺织机械	1.48	4.26	0.0053	0.02

资料来源：中国纺织品服装对外贸易报告2017

从商品结构看，纺织品服装出口商品结构逐步改善。2017年纺织品出口占比提升至41.1%，服装降至58.9%，首度低于6成。纺织品出口增长4.2%，优于服装，服装下降1.4%。纺织品中的大类商品纱线、面料和制成品全部实现增长，增幅分别为7.8%、4.1%和3.5%。除纺织品服装外，2017年中国纺织机械出口34.39亿美元，同比增长15.41%。其中，针织机械出口额为10.42亿美元，同比增长13.26%，占比30.30%，位居第一。2017年，我国共向181个国家和地

区出口纺织机械产品，其中，印度、越南、孟加拉国、印度尼西亚、美国位列前五，出口额占全部出口额的50.56%，是我国纺织机械出口的主要国家和地区。如表2.27和表2.28所示。

表2.27 2017年出口纺织机械分类情况

产品名称	累计金额（亿美元）	所占比重（%）	金额同比（%）
总额	34.39	100.00	15.41
针织机械	10.42	30.30	13.26
印染后整理机械	6.84	19.89	15.98
辅助装置及零配件	6.21	18.04	7.86
纺纱机械	4.16	12.11	24.73
织造机械	3.61	10.50	18.10
化纤机械	1.92	5.58	17.46
非织造布机械	1.23	3.59	34.06

资料来源：中国纺织机械协会

表2.28 2017年出口纺织机械前五位国家和地区

国家、地区名称	累计金额（亿美元）	所占比重（%）	金额同比（%）
总额	34.39	100.00	15.41
印度	6.79	19.74	11.55
越南	3.84	11.17	15.35
孟加拉国	3.24	9.41	7.63
印度尼西亚	1.83	5.32	25.55
美国	1.69	4.92	60.80
其他国家和地区	17.00	49.44	18.32

资料来源：中国纺织机械协会

三、存在问题

国内供给未能完全满足消费升级需求。目前我国纺织服装消费市场呈现两极分化态势，大众商品供给完备，市场竞争激烈。而符合消费升级需求的中高端产品供给不足，产品品质、创新力度、定制服务等方面未能完全顺应国内消费升级趋势，多样化、个性化的消费需求未能得到有效满足。同时，国际贸易环境日渐恶化。一方面，国际市场竞争愈加激烈，越南、孟加拉国等东南亚国家纺织业较快增长，国际竞争力显著提高，与我国在美国、欧洲等传统市场形成竞争。另一方面，贸易保护主义的升温增加了我国纺织工业平稳发展的不确定性。一些国家利用"反倾销"、加征高额关税等手段，使我国出口的国际贸易环境恶化，各种纺织贸易摩擦不断增多。而我国纺织工业和企业缺乏应对各种形式贸易保护和贸易摩擦的有效措施，抵御突发事件和防范风险能力较弱。此外，标准体系尚未完善，行业标准、技术法规等不够健全，未能完全与国际接轨，以致在国际贸易摩擦中屡屡吃亏。

第四节　科技创新

近年来，纺织工业瞄准世界前沿，深化自主创新，行业科技创新的质量和体量显著提升，自主创新能力、技术装备水平和产品开发能力整体大幅提高，纺织全产业链整体制造能力已达到国际先进水平。2016年，规模以上纺织企业全员劳动生产率为79.16万元/人；"十二五"期间行业授权专利共14.56万件，其中发明专利约3.48万件；2012—2017年，全行业共有20项成果获国家科学技术奖，其中"筒子纱数字化染色成套技术装备"和"千吨级干喷湿纺高强/中模碳纤维产业化关键技术及应用"获国家科技进步一等奖；碳纤维、芳纶和超高分子量聚乙烯三大品种产量已占全球的三分之一，中国已成为全球范围内高性能纤维生产品种覆盖面最广的国家之一。另外，科技创新与成果转化成效显著，不仅有效支撑行业发展，同时也服务于国家其他领域建设。以高性能纤维为增强基质，用热可塑性树脂和热硬化树脂以及各种类型的编织物形成的复合材料已逐步扩大在航空、航天、交通运输、工业生产、农林、海洋水产、医疗卫生、体育器材等方面的应用，为强国建设做出了突出贡献。

一、智能制造快速发展

纺织工业深度贯彻落实《中国制造2025》和制造强国战略，引导行业和企业加快应用智能制造新技术，积极推动我国纺织制造迈向中高端，取得了良好成效。

1. 自动化、数字化、智能化纺织设备与工艺取得突破

当前国产纺织装备在自动化方面快速追赶国际先进水平，与国外先进产品的差距明显缩小，新型纺织装备基本实现数控化，并向智能化方向发展。现今，国产纺织装备数字化普及率已达到70%以上。"筒子纱数字化自动染色成套技术与装备"项目和"高效能棉纺精梳关键技术及其产业化应用"项目分获了2014年国家科学技术进步一等奖和二等奖；传统的集散控制系统DCS正在被新的工业控制系统体系FCS所取代；ERP等管理系统的使用呈逐步上升趋势，在应用中的占比接近70%；自动落纱粗纱机及粗细联输送系统、细络联型和纱库型自动喂管自动络筒机均已形成小批量生产规模；全自动粗纱机及粗细联输送系统的全自动集体落纱及自动生头技术、管纱识别技术等关键技术取得突破，达到国际先进水平；化纤长丝生产自动落卷和物流系统已实现产业化；印染设备工艺参数数字化在线检测与控制技术已取得长足发展，浓碱及双氧水浓度在线检测与自动配送系统、染料与助剂自动配送系统等在不断研发中得到应用；三维人体测量设备及三维虚拟试衣系统技术的研制取得了较大进展，多家企业独立开发了三维虚拟试衣系统，系统整体紧跟国际先进水平。

2. 智能制造试验车间等示范性试点覆盖纺织产业链

目前，我国化纤、纺纱、织造、印染、服装制造的自动化、数字化、智能化水平都有相当程度的提升，国内已经有了化纤全流程自动化、智能化长丝车间，智能化纺纱工厂，针织内衣工厂，筒子纱车间，筒子纱数字化自动染色生产线等。与此同时，化纤长丝、印染、产业用纺织品、针织、服装和家纺等领域的智能制造试点工作也在不断推进，在工信部组织开

展的智能制造试点示范专项行动中，山东康平纳集团有限公司的筒子纱染色智能工厂、宁夏如意科技时尚产业有限公司的年产3万吨纱线染色智能化工厂、青岛酷特集团有限公司的服装大规模个性化定制等被列为试点示范。但就全国纺织工业3万多家规模以上企业而言，这仅是示范和代表，绝大多数企业还未实现转型。

3. 大规模个性化定制和网络协同制造等得到发展

互联网技术、数字技术与传统服装制造业融合的服装大规模个性化定制得到发展。目前涉及定制服务的服装企业已超200家，并出现了青岛酷特、浙江报喜鸟、广东爱斯达等领军企业。家纺行业在建立"大数据"推进定制服务和建设智慧门店等方面取得长足进步。布艺企业强化生产端与销售终端间的网络建设，加快推进定制窗帘的生产与服务，取得明显效果。另一方面，互联网助推纺织协同制造。以泉州海天材料科技股份有限公司为例，该公司依托面料研发生产和成衣加工方面的优势，通过互联网技术将供应链向前延伸到服装设计、向后延伸到销售终端，形成一个集消费者、设计师、面料商、辅料商、智能工厂及智能化销售终端于一体的，完整的纺织服装供应链闭环体系以及协同优化的纺织服装绿色智慧制造生态系统，为消费者提供个性化定制服务。

二、纤维材料技术不断突破

纤维不仅是服装、装饰的原料，还是重要的基本材料和重要的工程材料。当前，我国纤维材料研发方面取得的巨大成就，特别是高性能纤维和生物基纤维均走在世界前列。

1. 差别化、功能化纤维加工及产品开发技术取得突破

化纤产品的差别化率是体现一个国家化学纤维生产的技术水平的重要指标。当前，我国化纤的差别化和功能化开发取得了长足进展，满足了下游差异化、个性化的需求。化纤产品差别化率已经从2013年的55%提升至2017年的63.1%，品种更加丰富，质量和附加值持续提高。细旦和超细旦、异形、高导湿等新一代聚酯仿棉及仿真纤维，易染纤维、免染纤维、聚对苯二甲酸丙二酯（PTT）纤维、蛋白复合纤维等差别化纤维迅速发展，产量占到化纤总产量的30%。

2. 生物质纤维材料开发取得进展

"十二五"期间，我国生物基化学纤维产业化取得长足发展，除粘胶纤维外，"十二五"末，总产能达到35万吨/年，比2010年增长3倍，其中生物基合成纤维和海洋生物基纤维产能分别达到15万吨/年和0.35万吨/年，同比2010年分别增长3.3倍和6倍。生物基再生纤维Lyocell、竹浆纤维、麻浆纤维等，生物基合成纤维聚对苯二甲酸–1,3–丙二醇酯（PTT）纤维、聚乳酸（PLA）纤维、蛋白复合纤维等，海洋生物基纤维、壳聚糖纤维、海藻酸盐纤维已经实现产业化。"高品质纯壳聚糖纤维与非织造制品产业化"关键技术更是实现了工程级到医用级的突破，填补世界空白，获得"纺织之光"2015年度科技进步一等奖。黄麻纤维精细化关键技术得到突破并实现产业化应用；针对蚕丝品质和加工性状遗传改良的需求完成了家蚕基因组框架图，突破了天然彩色桑蚕丝关键技术；高产优质转基因棉花研究取得重大突破，可大幅度提高棉花产量，显著改进棉花纤维细度。

3. 高性能纤维材料加工技术进一步提高

包括碳纤维在内，我国高性能纤维所有品种稳步发展，品种齐全，产能规模已居世界前列。碳纤维、芳纶、玄武岩纤维、超高分子量聚乙烯纤维、聚苯硫醚纤维等高水平研发体系初步形成；碳纤维、聚酰亚胺纤维、高性能聚乙烯纤维、高模量芳纶、聚四氟乙烯纤维等生产工艺技术进步明显。长春高琦聚酰亚胺材料有限公司实现了耐热性聚酰亚胺纤维的规模化生产；连云港奥神新材料股份有限公司建成了世界级干法纺聚酰亚胺纤维千吨级生产线；中复神鹰碳纤维有限责任公司等单位建成了国内千吨规模T700/T800级碳纤维生产线，成为碳纤维产业的一个分水岭。可以说，国产高性能纤维已开始逐步满足国防军工需求，在民用航空、交通能源、工程机械装备、建筑结构和海洋工程等领域也得到广泛应用。

三、纺织产品加工技术稳步提升

纺织工艺技术及装备进步为高品质面料开发奠定了基础，棉纺织企业加大技术改造力度。紧密纺、喷气涡流纺、转杯纺、自动络筒等连续化、自动化、高速化的新型纺纱工艺技术及装备广泛使用，行业的整体技术装备水平有了较大提升，劳动生产率进一步提高。2000年后的棉纺设备和无梭织机比重分别达到81%和68.2%，提升了纱布产品质量；新型纺纱技术在毛纺企业的推广面达到了60%；高支苎麻、亚麻纱生产技术进一步提高，新一代黄麻成套设备研发成功；缫丝企业基本普及自动缫丝机。新型差别化、功能性纤维的应用，纱线结构多样化技术开发以及织物结构的创新设计，丰富纱线和织物品种，进一步提高机针织产品的外观质量和服用性能。

染整工艺技术进步提高了面料的质量和功能化水平。精细印花、数码印花技术取得较大突破并在行业推广应用，电脑测配色、制网、染化料自动配送、自动调浆等先进技术的应用面进一步扩大，大幅提高了印染产品质量稳定性以及精细化、个性化加工水平；印染面料后整理加工由抗菌、抗皱等单一功能整理发展为提高产品附加值的多功能整理，用于改善面料外观、风格、手感的磨毛、轧光、柔软等整理技术得到进一步应用。通过产业链协同开发，提升了面料加工技术水平，大大提高了产品档次和附加值，满足了个性化、功能化以及高端纺织品的市场需求。

四、绿色发展取得成效

中国纺织工业在绿色发展方面也确实做出了卓有成效的努力。作为全球领先在行业层面推行社会责任工作的实体部门，行业积极调整产业结构、淘汰落后产能、深化技术创新，污染物排放总量大幅减少，发展质效大幅提升。

再利用纤维占纤维加工总量比重由2010年的9.6%提高到2015年的11.3%。废旧纺织品回收、分拣和综合利用产业链建设启动，"旧衣零抛弃"活动有力推动了旧服装家纺规范回收和再利用进程。印染节能减排技术取得突破，纺织品低温快速前处理、棉冷轧堆染色、冷转移印花、印染废水大通量膜处理及回用等一批关键技术取得突破并实现产业化应用；生物酶退浆、冷轧堆前处理，气流、溢流等小浴比染色、高效短流程前处理设备、数码印花、平幅式连续水洗机等先进工艺技术与装备推广应用比例进一步提高；冷凝水及冷却水回用、废水余热回收、丝光淡碱回收等新技术应用比例已超过50%，提高了水、热等资源的使用效率。"十二五"期间，印染行业单位产品水耗由2.5吨/百米下降到1.8吨/百米，减少了28%；综合能耗由50千克标煤/百米下降到41千克标煤/百米，减少了18%；水重复利用率由15%提高到30%。同时，一批清洁生产技术的突破，从源头上减少了污染物的产生。替代聚乙烯醇的新型改性淀粉浆料及半糊化节能环保上浆技术的开发及推广应用，从源头上减少了印染退浆产生的污染。麻纤维生物脱胶和废水处理技术推广应用良好，目前已有50%的原麻加工企业采用生物脱胶技术，麻纺企业在废水处理上取得良好效果并达标排放。这些技术的突破和应用，对纺织工业实施清洁生产起到很好的示范作用。但仍需看到的是，纺织企业开展环保类技改项目普遍存在资金短缺困难，而企业融资难、融资贵的问题仍然普遍存在，带有环保风险的印染技改项目更是面临各种不断提高的贷款条件和要求，这将给纺织工业的绿色发展带来阻力。

五、产业用纺织品研发与加工技术有序推进

产业用纺织品加工技术和装备取得新突破。非织造技术和装备水平不断提高，纺粘、熔喷技术实现了原料多样化，除聚丙烯、聚酯外，聚乙烯、聚乳酸等材料也可作为纺丝原料；纺粘、针刺生产装备的幅宽和速度进一步提升，熔喷/气流成网、纺粘/针刺等非织造复合加工技术均已实现产业化；剑杆、片梭宽幅织造，三维编织、多轴向立体经编技术取得突破，为开发机织、针织等产业用纺织品提供了支撑；功能性后整理技术的进步有效提升了产业用纺织品的综合性能。

医疗卫生、过滤、土工建筑等领域产业用纺织品的开发应用，为促进国民经济相关领域发展做出了积极贡献。高效薄型阻隔医卫防护材料、医用抗菌敷料加工技术的突破，赋予产品抗酒精、抗血液、拒油等性能；超细纤维梯度滤料及耐腐蚀、耐高温过滤材料的开发，大大提高了过滤精度和滤袋的使用寿命，燃煤电厂袋式除尘应用比例由5%提高到25%以上，垃圾焚烧领域袋式除尘应用比例达到100%；聚酯长丝非织造防水油毡基布的开发大大提高了防水卷材的强力、热稳定性和使用寿命，实现了防水卷材的升级换代；高强度、耐环境的土工布已应用于高铁、长江三峡、南水北调等重点工程建设，取得了良好效果；应用高性能纤维研发出一批结构增强材料，半刚性玻璃纤维网格经编材料成功应用于"天宫一号"航天器，芳纶蜂窝材料已应用于大飞机、直升机等军工和航天领域，碳纤维风力发电叶片大幅减轻了叶片重量并延长了使用寿命。

六、纺织装备技术和制造水平取得提升

纺织机械行业通过产学研结合，技术创新和产品研发能力进一步提升，多种装备填补了国内空白，可替代进口。目前，国产纺织机械国内市场份额达到70%以上。

纺织机械行业在数控技术的研究与应用方面取得了跨越式发展，有些产品已经可以和欧洲产品同台竞争。纺纱设备自主研发能力有较大提高，高速精梳机已批量投放市场，全自动粗纱机及粗细联输送系统的关键技术取得突破，达到国际先进水平；高档数控剑杆织机、喷气织机取得一批具有自主知识产权的核心技术成果；40万吨/年聚酯装备、150吨/日和200吨/日涤纶短纤成套生产线已实现产业化生产，千吨级碳纤维等成套生产线已投入使用；电脑提花圆纬机、电脑自动横机等成套装备技术均已推向市场；化学品自动配送、印染工艺及设备在线监控技术取得长足发展并在行业得到应用，筒子纱自动化染色生产物流系统解决了传统筒子纱染色生产效率低、人为因素干扰、能耗高、资源利用率低等问题，国产纺织品数码喷印装备的最高喷印速度达到1000平方米/小时；纺粘、熔喷非织造布加工，实现了纺粘/熔喷/纺粘（SMS）、纺粘/熔喷/熔喷/纺粘（SMMS）等多模头纺粘熔喷复合生产线的国产化制造，涤纶纺粘和梳理成网土工布生产线的推广应用为基本建设提供了良好的建设基布材料；针布、电子清纱器、钢丝圈等专用基础件质量与寿命的提高对纺织机械产品质量、精度、加工效率的提升作用明显。

七、纺织标准化建设不断完善

"十二五"期间，纺织工业共制定、修订标准828项，归口标准总数达到2026项，全面覆盖服装、家用、产业用三大应用领域以及纺织装备，行业发展更加规范。纺织品安全、生态纺织品、功能性纺织品以及新型成套纺织装备等领域的标准制定和实施工作得到加强，有23项标准分别获得中国标准创新贡献奖和行业科学技术奖。全行业标准化技术机构达到28个，近2000名标准化专家被聘为委员，标准化技术机构和人才队伍不断壮大。积极参与国际标准（ISO）制定，主导提出了17项国际标准提案，其中10项已由ISO正式发布实施，新承担了2个ISO技术机构秘书处，2位专家成为ISO技术机构主席，提升了我国在国际标准领域的话语权。

八、科技教育事业蓬勃发展

人才是创新实践的主体和主导者，也是科技创新的根基和关键，科技教育肩负着行业高质量发展和转型升级的重任。至今，全国设有纺织有关专业的本科院校约有200所，高职院校约290所，中职院校约900所，为社会和行业培养了大量的科技领军人才和专业人才，为强国建设提供了源源不断的动力。

同时，为了鼓励科技进步，表彰优秀人才，行业于2008年成立"纺织之光"科技教育基金会。截至2017年底，已表彰奖励纺织科技奖1273项、优秀教师和学生共计3674名、优秀教学成果奖1114项、针织内衣创新贡献奖91项、应用基础研究48项、科技成果推广128项、全国纺织工业技术能手175人、技能人才培育突出贡献奖16人及23家获奖单位。对促进纺织科技教育事业发展起到了积极的推动作用。在此之前，中国香港著名实业家、香港特别行政区大紫荆花勋章获得者查济民先生，于1992年投入巨资创建了香港桑麻基金会。到2018年，累计已有6643名同学、736名教师获奖，共发放奖金1965万元。1998年至2001年，还曾设立桑麻纺织杰出青年学者奖，先后有7人获奖，累计共发奖金19万美元。

九、存在问题

纤维原料以及工艺水平、技术和装备水平直接影响产品的最终质量，制约中、高端产品的开发创新，影响纺织工业在国际上的竞争力。目前，我国纺织工业技术自主创新能力总体较弱，纤维材料高性能、差别化、生态化水平有待提升，先进纺织、染整技术及高附加值纺织品加工能力亟待形成，标准化建设也相对滞后。其次，我国纺织工业总体技术装备水平不高。纺机装备制造业的研发水平和智能化水平与世界先进水平仍有较大差距，智能制造及信息化应用水平尚须提升。此外，创新体系建设及运行机制不完善。纺织行业科技创新资源分散，多集中于高校、科研院所、大型企业等机构，中小企业创新能力较弱。全行业未能形成整体合力，难以对关键共性技术进行协同和集成创新。同时，创新型人才匮乏也严重制约行业企业发展。当前创新型学术带头人数量不能满足行业发展规模的需要，基础理论研究和多学科综合研究能力薄弱。

第五节　文化建设

一、文化创意提升行业内在价值

文化是生活的集中体现，是服装潜在的标识属性，是产业价值创造的活力之源。如果说科技的进步在改变着我们的产业形态，那么文化就是在变革中赋予产业全新内涵和价值的存在，不断推动产业向更高层级发展。服装不仅是技术发展和生活嬗变的标志，更蕴含着民族特有的精神价值和文化意识。文化创意、文化创造，一方面是产品创新、提高附加值、满足消费者文化诉求的前提内涵，同时也是品牌构建、发展的重要力量。品牌的持续创新力不是来自于一时的灵感，而是来自于创意加匠心精神的文化积累和沉淀。当代文化和中华优秀传统文化在行业的创造性转化和创新发展，将成为产业价值创造力和时尚话语权提升重要的支撑。

1. 时代文化激发产业内在活力

多年来，纺织工业立足时代文化，深入推进文化创意与产业的融合发展，行业内在活力不断提升。行业企业积极顺应消费新趋势，深化行业对社交网络环境下的二次元、网红等亚文化的发掘与应用，不断推进纺织产品开发与创新，丰富产品品类，产品的文化价值、美学价值和市场价值显著提升。以服装印花为例，针织面料服装约占我国服装总产量的55%，其中的60%~70%需要印花。服装印花企业依托消费需求深化产品创新，将动漫IP、AR增强现实技术等当代元素融入服装印花中，在服装上充分发挥了印花的文化、艺术、科技和经济的独立价值，与国内外众多品牌达成了广泛合作。同时，以当代生活方式为切入点，研究与发布中国纤维流行趋势、中国纺织面料流行趋势、流行色彩，促进流行趋势在产业链上的传导,打造了全产业链的"大时尚"。持续举办服装设计、女装设计、牛仔创意设计、家纺品创意设计、面料设计、泳装设计、袜艺设计、橱窗设计等各类设计大赛,表彰创新设计,培养创新人才。组织各类服装博览会、时尚周等活动,推广品牌文化,展示创意设计,引领时尚潮流。据不完全统计,截至2015年,国内举办时装周的次数及类似的活动超过40个,时装周的飞速发展为行业培养了大量的设计人才。以中国国际时装周为例。中国国际时装周是国内历史最悠久的时装周,经过20年的发展,已经成长为培养新锐设计师的平台,一大批优秀设计师得到了业界的认知,一大批时装品牌的时尚魅力得到了社会的文化认同。

2.传统文化助力纺织工业谋得全球时尚话语权

众所周知,中国传统文化源远流长,博大精深,是中华民族在中国古代社会形成和发展起来的比较稳定的文化形态,是中华民族智慧的结晶,也是全人类文明的瑰宝。我国纺织非物质文化遗产作为中国传统文化重要的组成部分,对于继承和发扬优秀民族文化传统,增强行业凝聚力和自豪感具有重要而深远的意义。纺织工业多年来注重传统文化元素的发掘、研究与应用,实现了传统文化与当代时尚、民族文化与大众潮流的交互升华,以文化自信构筑时尚话语权。

随着"中国风"在世界时尚舞台的异军突起,传统非遗文化和服装设计融合创新已成为国内服装品牌设计创新和文化塑造的一大主流趋势。目前国家级非遗项目中,纺织类非物质文化遗产已有93项,省、市级纺织非物质文化遗产多不胜数。这些非遗涉及绣、织、染及服饰四大类别,以苏绣、湘绣、粤绣等为代表的刺绣,以蚕丝织造、鲁锦织造等为代表的织造技艺,以蒙古族、朝鲜族等少数民族服饰为代表的服饰,还有苗族蜡染、白族扎染等传统染整技术,是纺织品非物质文化遗产的主要表现体系。把民族技艺变成产业、变成商品,既将非物质文化遗产活态传承、又提升了品牌的文化价值和影响。2017年6月,北京服装学院、NE·TIGER(东北虎)楚和听香度兮、依文集团、雅致东方、名瑞集团等多家国内知名服饰设计团队以设计的力量展现中国传统手工技艺,联袂带来非物质文化遗产与现代生活紧密结合的创意秀场。这次活动通过展示苏绣、京绣、粤绣、宋锦、南京云锦木机妆花手工织造技艺、苏州缂丝织造技艺、香云纱染整技艺等多项国家级非物质文化遗产与现代服饰设计的时尚融合,再现传统手工技艺的精妙;七匹狼将傣族的炫美文化与狼文化进行深度融合,使极具狼文化的THAIETHNIC系列产品在米兰时装周的舞台上亮相;南宫秀品牌以青花、宫廷、端庄、婚庆等系列,展现"杭绣"这一非遗技艺的历史传承和现代服饰文化的完美结合;高级定制礼服及成衣品牌YVESKEVIN把潮州非物质文化遗产"潮绣"带上中国国际时装周舞台,将潮绣的精美灵魂深刻嵌入潮流的躯体,又把时尚的元素巧妙融入潮州非遗文化理念当中;中国设计师张义超也将非遗"夏布"服饰带进澳洲。

二、品牌效应支撑制造强国建设

从国务院启动消费品"三品战略"专项行动,到"中国品牌日"正式设立,纺织工业的品牌工作正受到更高层次、更大范围的关注,行业品牌建设也迎来了前所未有的历史机遇。2017年,工业和信息化部发布的44家品牌培育示范企业名单中有6家纺织服装企业上榜。目前活跃在国内市场的服装家纺品牌约3500个，全行业拥有"中国驰名商标"300多个。行业企业通过整合资本、创意、传播、营销等关联资源，品牌系统创新有序推进，品牌文化逐步增强，品牌内涵不断充实，品牌运行质量不断提高，品牌贡献率大幅提升。但要看到的是，纺织工业的自主品牌建设还处于发展进程中，品牌的战略定位、文化融合、运行模式等方面都需要不断创新，品牌的消费者认可度和国际影响力还需要时间的积累。未来，中国纺织工业将加快品牌建设进程，以品牌建设担起建设品牌强国使命。

1. 国际运营能力显著增强

中国纺织企业充分利用国际国内两个市场两种资源，通过品牌重塑、跨国合作、跨国并购等手段，逐步从产品国际化、销售国际化向最终的品牌国际化迈进。从2017年品牌调查数据来看，122家样本品牌企业中，18%的企业已在国外建立合作研发机构，13.1%的企业在国外开设店铺。其中，16家企业共开店518家，比2015年增长了3%，2016年国外店铺销售额同比提高5.5%。同时，跨国并购表现活跃。行业企业通过收购国际品牌，快速、准确地对自身时尚业务补缺，有效提升了企业的国际化程度和国际竞争力。例如山东如意通过收购以科技支撑的莱卡面料业务和具备国际认知度并覆盖全球市场的时尚品牌，成为全球领先的时尚与奢侈品集团。

2. 自主品牌创新变革

新型数字技术的不断涌现，加之消费者消费升级对市场环境的改变，使得整个营销环境正在变得愈加复杂。伴随电商商务模式的发展变化，社区电商、内容电商等商业形态一同兴起，新业务和新场景不断涌现。纺织服装品牌开始以资本为纽带，向产业链上下游延伸，纷纷以跨界合作链接消费。九牧王发力产品的同时，不断加强市场营销推广与品牌建设，深化品牌与影视剧的结合，通过搭载影视资源，植入品牌相关产品，从而在一定程度上实现双方利益的扩增；海澜之家通过入驻美团外卖，变身"移动的衣柜"，消费者下单后，可一小时内送达；朗姿股份联手腾讯共同探讨和打造"朗姿智慧零售"新模式，上线公司小程序和微信商城，利用腾讯技术对20万VIP客户进行精准画像、精准推广和精准营销。另外，纺织服装企业开启了多元品牌发展时代。行业众多品牌企业以主品牌为核心，开始向其他领域延伸，形成多个品牌矩阵。如江南布衣除了JNBY主品牌之外，其旗下还开设有男装品牌速写、低龄童装品牌jnby by JNBY、职业女装品牌less以及青少年装品牌Pomme de terre，并于2017年1月，开设首家JNBY HOME独立门店。

3. 新生品牌力量崛起

消费者需求的个性化、多元化，以及先进设备与新技术的应用，使得一批创新型品牌出现在大众视野，为国内服装品牌市场增添活力。新锐快时尚品牌快速发展。KM、H：CONNECT、UR、热风等国内快时尚品牌以新零售思维迅速扩张，大举开店，并开始向三四线城市下沉。目前热风在国内已有超过900家门店，遍布北京、上海、广州、深圳等核心城市。同时，独立设计师品牌强力崛起。新消费时代的用户对品质、个性化要求更高，因此产品独特、设计感强、风格鲜明的设计师品牌开始有机会崭露头角。目前，越来越多的设计师品牌活跃在各大商场中，受到消费者的喜爱。在短短三年内，连卡佛和Joyce门店销售的中国设计师品牌数量增长惊人。中国服装设计师品牌虽然起步晚，但现在已开始在全球时尚舞台崭露头角。此外，设计师的专业能力也有大幅提升，在剪裁、制作和审美上能与本土消费者产生共鸣，其中最大的优势还是能理解消费者的本质需求。近年来，中国设计师品牌作品的质量不断提升，一部分品牌已经可与主流大牌比肩比如Ms Min、Chictopia、Helen Lee以及超模吕燕的个人品牌CONNE MOI、Ms Min更是成为连卡弗时尚女装的支柱品牌之一。如表2.29所示。

表2.29 2016—2017年部分新锐快时尚品牌店面数量情况　　　　　　单位：家

品牌名称	原有店面数	2016年新开店面数	2017年计划开店数
KM	400	300	468
H：CONNECT	220	120	140
Mjstyle	200	101	150
UR	120	60	60~100
热风	800	21	176

资料来源：公开资料整理

4. 区域品牌提升发展

如今，区域经济体之间的竞争已成为软实力的竞争。一个开放、绿色、和谐的具有鲜明产业特色的区域经济体，在吸引人才、招揽投资、吸收技术、丰富产业结构方面都具有得天独厚的优势。正因如此，全国纺织服装产业集群地都在转变增长方式，巩固现有产业优势，以智能智造、品牌建设为主攻方向，以创新发展为着力点，加快推进产业改造提升，大力发展"互联网+""智能+"，全力构建现代产业集群体系，并取得了可喜成绩。2016年以来，纺织工业共有11家"产业集群区域品牌建设试点地区"，占整个工业领域的15.3%，"深圳内衣"更是入围"首批产业集群区域品牌建设示范区"。与此同时，一批已经具备了一定规模、实力和品牌的集群企业成为区域品牌的形象代表。以浙江柯桥为例，柯桥区围绕"开放、时尚、智慧、高端"的发展定位，坚持改革开放，深入转型升级，抢抓"一带一路"契机，不断推动传统纺织工业智能化、时尚化、绿色化发展，现今已经成长为中国最大的纺织企业集聚地、中国最权威的纺织指数发布地、全球最大的纺织贸易集散地。每年有价值100亿美元的纺织品，从这里运往世界各个地方。

三、存在问题

当前，我国纺织工业在品牌建设和销售网络建设方面与发达国家仍有较大差距。发达国家通过产业结构调整和产业转移将附加值低、污染大的制造业部分转移到发展中国家，并在激烈的市场竞争中牢牢控制着纺织服装贸易中的高附加值领域，如产品设计、品牌等价值链高端。特别是在纺织出口阶段，我国纺织工业缺乏对出口渠道和营销网络的控制力，几乎完全依赖于发达国家市场的营销网络和品牌，产品溢价能力低。同时，自主品牌建设仍处于发展过程之中，品牌的战略定位、文化融合、运行模式等方面都需要不断创新。未来，培育自主品牌和掌控营销渠道，是我国纺织工业升级的关键。

第六节 小结

本章从五个视角对中国纺织业的发展现状做出了详细论述，中国纺织工业是国民经济的传统支柱产业、重要民生产业和创造国际化新优势的产业，是科技和时尚融合、生活消费与产业用并举的产业，也是战略新兴产业的重要组成部分、文化创意产业的重要载体。纺织工业在美化人民生活、增强文化自信、建设生态文明、带动相关产业发展、拉动内需增长、促进社会和谐等方面发挥着不可替代的重要作用。

第三章　世界主要国家纺织工业国际竞争优势比较分析

持自第一次工业革命以来的近250年间，纺织服装业一直是世界各国进入工业化早期首选的先导产业。无论是第一次工业革命，英国纺织工业的崛起，带动应该进入工业化发展阶段；还是第二次工业革命，纺织服装业在德国、其他欧洲国家、美国经济的迅速发展；到第三次工业革命，纺织服装业带动了日本、韩国、中国、土耳其、印度、巴基斯坦的经济的快速发展，也证明了这一点。21世纪初，亚洲发展中经济体的崛起，包括越南、孟加拉国、柬埔寨等国家，表明纺织服装业对一国经济发展、出口创汇、提供就业等均具有显著贡献。

究其原因，衣食住行，衣为首，纺织服装业是满足人们的基本生活需求的民生产业。同时，纺织服装可以吸纳大量的闲置劳动力，提供就业，还是消除贫困，提高人们生活水平的先导产业。在许多发展中国家，纺织服装业也是出口创汇和贸易顺差的重要产业之一。自第一次工业革命以来，由于纺织服装业初创阶段，投资少，行业进入壁垒低，有广泛地国内外销售市场的支撑，同时还可以带动一国的农业、机械制造业、化学工业、化纤工业和商品零售业的发展。

国际纺织品服装贸易格局是由纺织品服装生产格局决定的，在过去的200多年间，曾出现了四次明显的贸易格局转移。第一次是从英国转移到美国、日本和欧洲；第二次是转移到韩国、中国香港和中国台湾；第三次是转移到中国、印度、巴基斯坦。第四次转移初现端倪，全球纺织品服装产地正在向越南、印度尼西亚、孟加拉国和柬埔寨等亚洲发展中经济体聚集，目前上述发展中国家正在成为国际纺织品服装的主要出口国。另外，有迹象显示，北非、东非、中亚国家也正在加大对纺织服装业的投资，未来全球纺织品服装生产格局仍将继续发生改变。

从世界范围看，纺织品服装贸易格局已形成三大消费市场、三大制造中心和三大贸易圈。三大消费市场为：以美国、加拿大为中心的北美市场，以欧盟成员为中心的欧洲市场，以中国、日本和韩国为主的东亚市场。

三大制造中心分别为：中国、东盟国家、印度、巴基斯坦、孟加拉国等亚洲生产国，美国、墨西哥和加勒比海盆地国家，欧洲、土耳其、中东欧和北非诸国。

三大贸易圈为：欧洲贸易圈；美洲贸易圈，有美国、加拿大、墨西哥及拉美国家；亚洲贸易圈，有中国、东盟、印度、巴基斯坦及孟加拉国。

随着全球纺织品服装生产格局的变化，新的全球纺织品贸易格局正在形成。在新形势下，中国纺织工业如何继续保持国际竞争优势，本篇选取近年来全球纺织品和服装进出口前20位的发达经济体、新兴市场国家和发展中经济体，包括中国在内的共14个国家。

按照国际货币基金组织GDP产出分组显示（表3.1），发达经济体有：德国、法国、英国、意大利、西班牙和美国六个国家。新兴市场国家有：中国、印度、土耳其和印度尼西亚。发展中经济体有：越南、巴基斯坦以及目前仍被列入不发达国家组的柬埔寨、孟加拉国。

表3.1 国家按照经济发展水平分组

分组	发达经济体	新兴市场	发展中经济体	最不发达国家
国家	欧洲：德国、法国、英国、意大利、西班牙 北美洲：美国	中国、印度、土耳其、印度尼西亚	越南、巴基斯坦	柬埔寨、孟加拉国

资料来源：国际货币基金组织

分析上述国家纺织品和服装贸易竞争优势，总结法国、意大利、英国、德国、西班牙和美国发达经济体，保持纺织服装行业国际竞争优势可借鉴发展模式；通过分析印度、土耳其、巴基斯坦、越南、印度尼西亚、孟加拉国和柬埔寨等国家纺织品和服装贸易竞争力，提出中国纺织服装业面临的产业国际转移所导致的贸易替代效应可采取的应对措施。

根据国际货币基金组织2018年公布的2017年世界各国GDP总量及排位显示（表3.2），本篇选取的14个国家中，有10个国家2017年GDP总量位居全球前20位，包括中国、印度、印度尼西亚和土耳其四个亚洲新兴市场。

表3.2 2017年各国GDP总量及全球排名

全球排名	国家	GDP总量（亿美元）	全球排名	国家	GDP总量（亿美元）
1	美国	193906.0	14	西班牙	13139.51
2	中国	120126.2	16	印度尼西亚	10154.11
4	德国	36848.16	17	土耳其	8494.80
5	英国	26245.29	41	巴基斯坦	3039.93
6	印度	26110.12	43	孟加拉国	2613.74
7	法国	25835.60	46	越南	2204.08
9	意大利	19378.94	109	柬埔寨	222.52

资料来源：国际货币基金组织

第一节　全球纺织品服装主要进出口国家与地区

2017年全球纺织品服装出口额为7718.2亿美元，占全球货物出口总额的4.4%。其中纺织品出口额为3002.26亿美元，服装出口额为4715.94亿美元。2017年全球纺织品服装进口额为8028.22亿美元，占全球货物进口总额的4.5%。其中纺织品进口额为3167.62亿美元，服装进口额为4860.60亿美元。

一、全球纺织品服装主要出口国家与地区

1. 发达国家仍保持较强的纺织品出口优势

根据世界贸易组织2018年公布的数据显示（图3.1），2017年全球纺织品主要出口国集中在亚洲的中国、印度、巴基斯坦，欧洲的德国、意大利、土耳其，北美洲的美国。

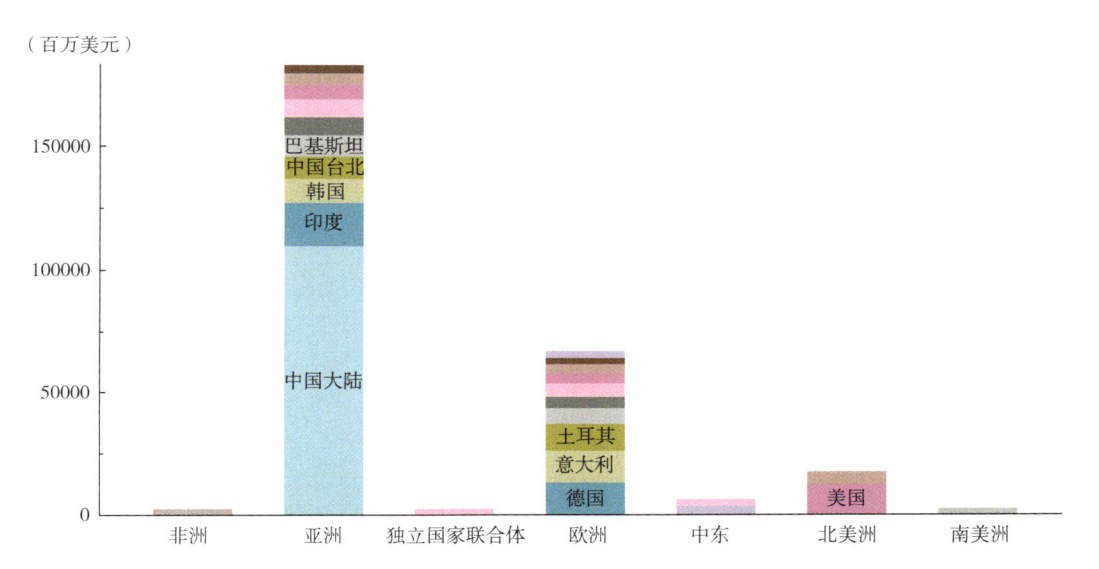

图3.1　2017年全球纺织品主要出口国家的大洲分布
图片来源：WTO

2017年全球纺织品出口前20位的国家中（表3.3），6个发达经济体（德国、美国、意大利、法国、西班牙和英国）均显现出较强的纺织品出口优势，表明这些国家仍重视传统纺织工业的发展，并保持该产业的国际竞争力。同时，新兴市场国家，如中国、印度、土耳其和巴基斯坦，因拥有棉花、羊毛等纺织原料资源优势，纺织品出口规模大，居全球出口前10位。

表3.3　2017年主要国家纺织品出口额及全球排位

前10位	国家	出口额（亿美元）	11~20位	国家	出口额（亿美元）
1	中国	1098.85	11	越南	73.76
2	印度	173.70	16	法国	47.38
3	德国	141.23	17	西班牙	45.18
4	美国	136.58	18	印度尼西亚	40.43
5	意大利	120.77	19	英国	36.09
6	土耳其	114.49			
9	巴基斯坦	78.68			

资料来源：WTO

值得注意的是：发达经济体重视新材料的开发和应用，保持新材料和新技术的领先地位，其纺织品出口以高科技含量、高档、高附加值为主，例如，高档毛料、纳米纤维、功能性纺织品、高性能纤维等。而发展中经济体纺织品出口以资源性产品为主，例如，棉、毛、丝、麻纺织品等。因此，在国际分工中，处于不同竞争优势。

从纺织品出口规模上看（图3.2），2010年和2017年全球纺织品出口额在200亿美元以上的国家只有中国，2010年中国纺织品出口额为768.72亿美元，2017年中国纺织品出口额为1098.85亿美元。位居第2—第6位的印度、德国、美国、意大利和土耳其，2017年纺织品出口额在100亿—200亿美元之间。

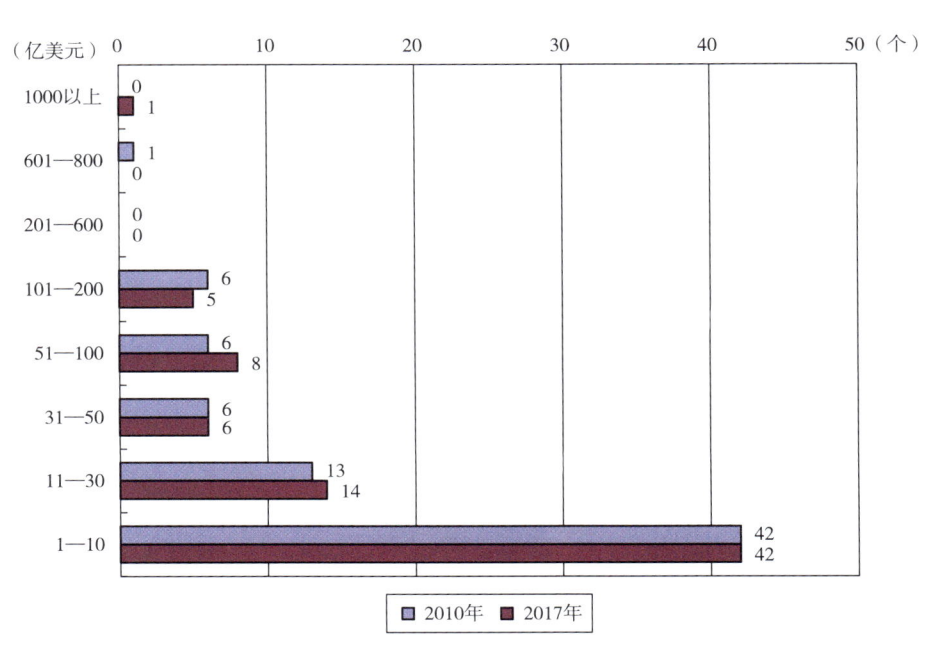

图3.2 2010年和2017年全球纺织品出口规模各段国家数量
资料来源：WTO

整体上讲，2017年与2010年相比，全球纺织品出口贸易格局变化不明显，2017年纺织品出口规模在50亿—100亿美元的国家有8个，出口额在30亿—50亿美元的国家有6个，出口额在10亿—30亿美元的国家有14个。2017年全球纺织品出口市场分布中，全球纺织品出口贸易格局以发达经济体和亚洲新兴市场为主。

2. 全球服装出口国集中在亚洲和欧洲

根据世界贸易组织2018年公布的数据显示（图3.3），2017年全球服装出口国主要集中在亚洲的中国、孟加拉国、越南、印度，欧洲的意大利、德国、土耳其、西班牙和法国。

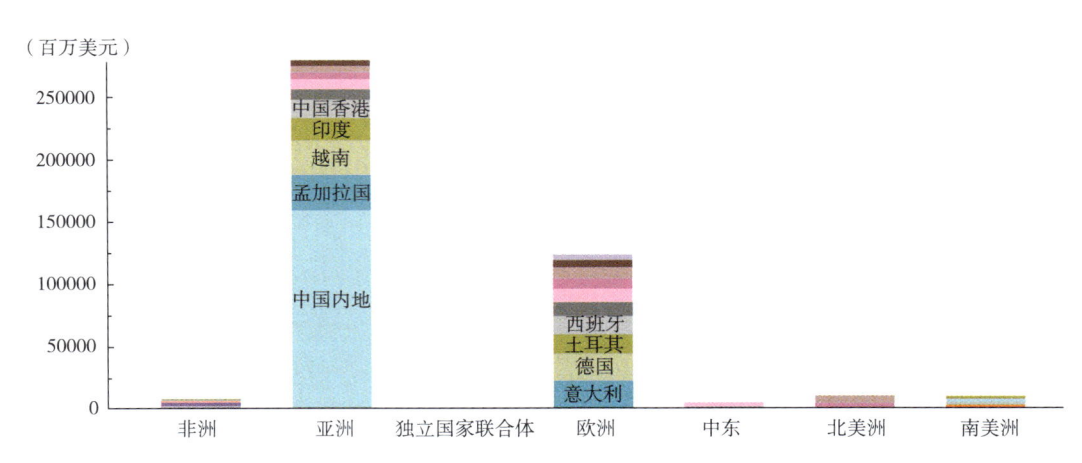

图3.3 2017年全球服装主要出口国家的大洲分布
图片来源：WTO

2017年全球服装出口前20位的国家中（表3.4），亚洲发展中经济体孟加拉国和越南出口规模迅速增长，居全球服装出口国第二位和第三位，印度尼西亚和柬埔寨服装出口额进入前15位。

表3.4 2017年主要国家服装出口额及全球排名

前10位	国家	出口额（亿美元）	11~20位	国家	出口额（亿美元）
1	中国	1584.63	13	英国	83.37
2	孟加拉国	292.13	14	印度尼西亚	82.14
3	越南	277.82	15	柬埔寨	71.93
4	意大利	233.24	16	美国	57.28
5	德国	209.42	18	巴基斯坦	54.70
6	印度	186.17			
7	土耳其	151.01			
9	西班牙	143.45			
10	法国	117.32			

资料来源：WTO

除日本外，其他6个发达经济体（意大利、德国、西班牙、法国、美国和英国）服装出口优势明显，意大利和德国服装出口额达200亿美元以上，西班牙和法国服装出口额在100亿美元以上，英国和美国服装出口额在50亿美元以上。

值得注意的是：虽然亚洲发展中经济体和6个发达经济体服装出口规模较大，但在档次、单价和在国际市场分工中，具有较大的差异性，例如，发达经济服装出口以高档时装、奢侈品为主，而发展中经济体服装出口以OEM品牌代加工为主。

从服装出口规模上看（图3.4），2010年和2017年全球服装出口额在1000亿美元以上的国家只有中国，2010年中国服装出口额为1298.2亿美元，2017年中国服装出口额为1584.63亿美元。位居第2—第10位的国家，2017年服装出口额为100亿—300亿美元之间。

从2017年全球服装出口主要市场分布情况来看。整体上讲，2017年与2010年相比，全球服装出口贸易格局仍以亚洲和欧洲国家为主，但出口规模有了显著的提高。2017年服装出口规模在100亿—300亿美元的国家增加到10个，出口额在50亿-100亿美元的国家增加到8个，出口额30亿—50亿美元的国家减少到8个。2017年全球服装出口贸易格局以亚洲新兴市场和发展中经济体以及发达经济体为主。

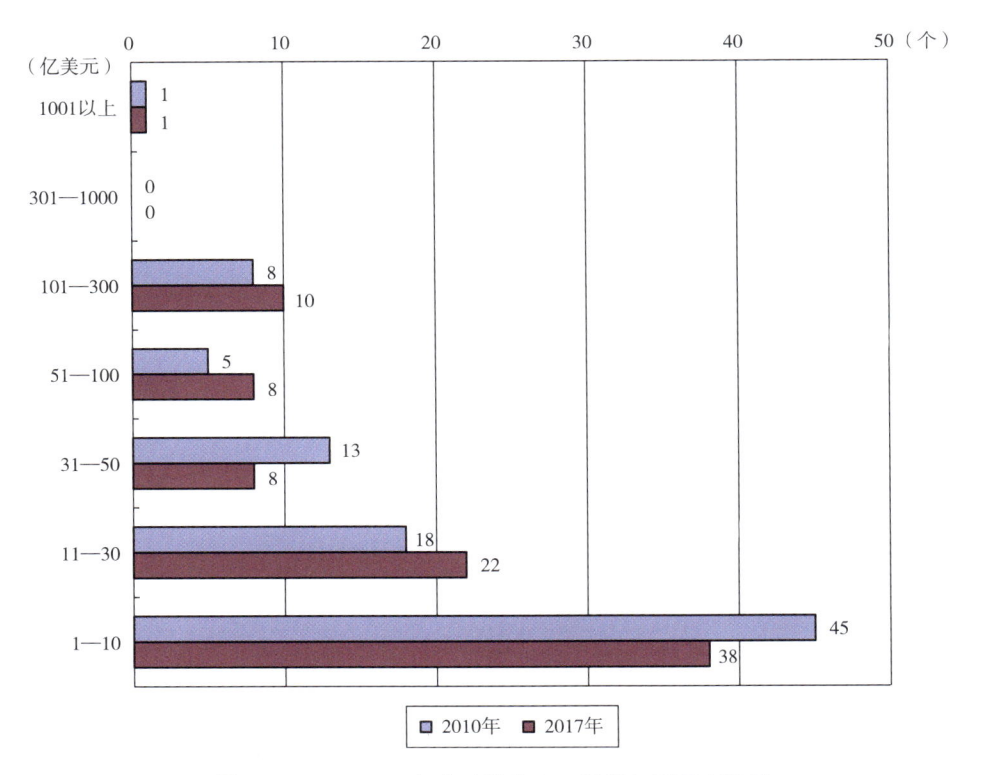

图3.4　2010—2017年全球服装出口规模各段国家数量
资料来源：WTO

二、全球纺织品服装主要进口国家与地区

1. 全球纺织品进口以发达经济体和亚洲服装出口国为主

纺织品进口规模可以反映该国纺织服装业对纱线、面料的国际市场依存度。根据世界贸易组织2018年公布的数据显示（图3.5），2017年全球纺织品进口国主要集中在发达经济体和亚洲服装出口国。

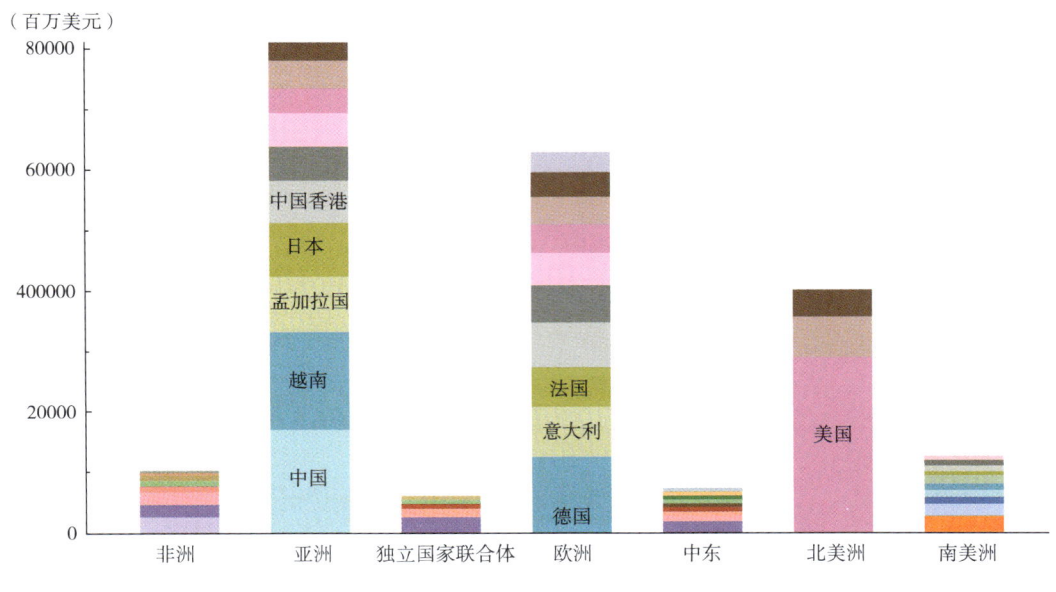

图3.5　2017年全球纺织品主要进口国家的大洲分布
图片来源：WTO

美国是全球纺织品第一大进口市场，同时，亚洲服装出口国，中国、越南、孟加拉国、印度尼西亚、柬埔寨和印度纺织品进口规模较大，还有欧洲服装主要出口国德国、意大利、法国、英国和西班牙纺织品进口依存度较高。

2017年全球纺织品进口前20位的国家中（表3.5），6个发达经济体（美国、德国、意大利、法国、英国和西班牙）均显现出较强的纺织品进口需求，表明这些国家服装业仍然较为活跃，对纺织品进口依存度较高。

表3.5 2017年主要国家纺织品进口额及全球排名

前10位	国家	出口额（亿美元）	11~20位	国家	进口额（亿美元）
1	美国	297.46	11	英国	65.52
2	中国	172.85	13	印度尼西亚	56.84
3	越南	162.11	16	西班牙	47.29
4	德国	129.97	17	柬埔寨	46.11
5	孟加拉国	94.03	20	印度	42.35
7	意大利	82.08			
9	法国	69.66			
10	土耳其	68.38			

资料来源：WTO

同时，亚洲主要服装出口国越南、孟加拉国、印度尼西亚和柬埔寨，随着承接国际服装加工订单数量的增加，对纱线和面料的进口需求快速增加。

值得注意的是：发达经济体纺织品进口，以天然纤维纺织品和高档面料为主，而发展中经济体进口纺织品以服装加工为主，因此，在国际分工中的地位不同。

从纺织品进口规模上看（图3.6），2010年和2017年全球纺织品进口额在200亿美元以上的国家只有美国，2010年美国纺织品进口额为233.76亿美元，2017年美国纺织品进口额为297.46美元。位居第2—第4位的国家，2017年纺织品进口额为100亿—200亿美元。

2017年与2010年相比，全球纺织品进口贸易格局仍以发达经济体和亚洲服装出口国家为主。2017年纺织品进口规模在50亿—100亿美元的国家增加到10个，进口额在10亿—50亿美元的国家减少到36个。

2. 服装进口以发达经济体为主

服装进口规模与人均GDP水平和服装购买力相关。图3.7显示，2017年全球服装主要进口国家均为发达经济体，包括美国、德国、法国、英国、西班牙和意大利六个国家。

按照世界银行公布，自2017年7月1日起用于国家划分收入组别标准（表3.6），2017年人均GDP高收入组别的六个国家，不仅购买力水平高国家，也是全球服装进口规模极大的国家。

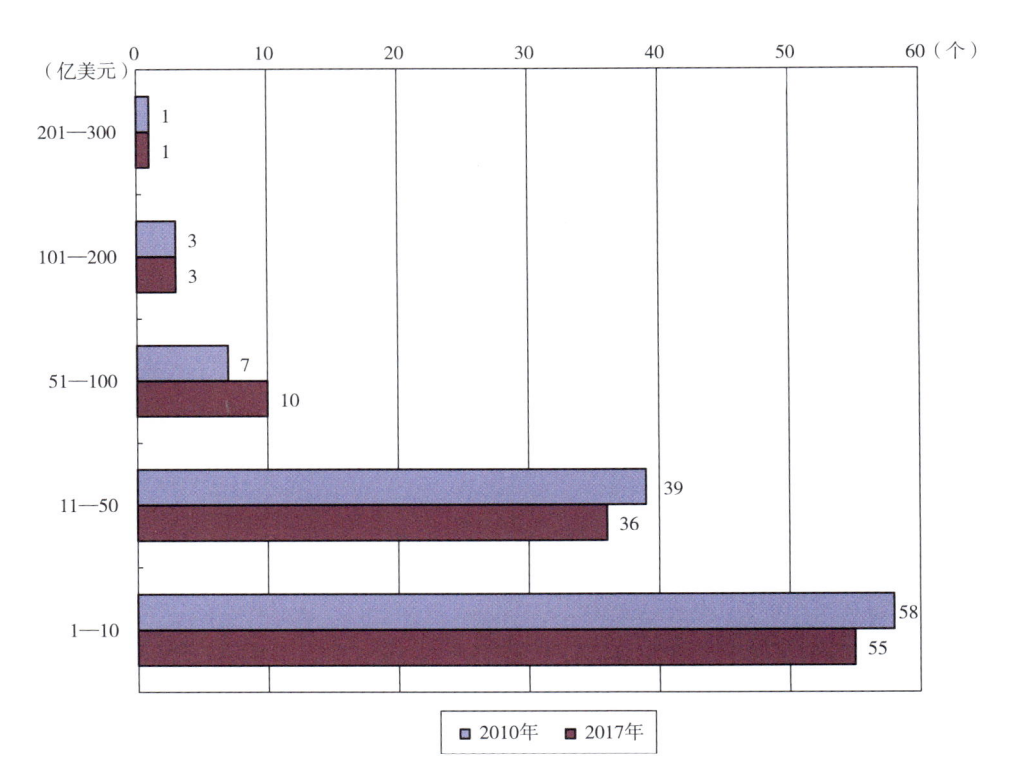

图3.6 2010—2017年全球纺织品进口规模各段国家数量
资料来源：WTO

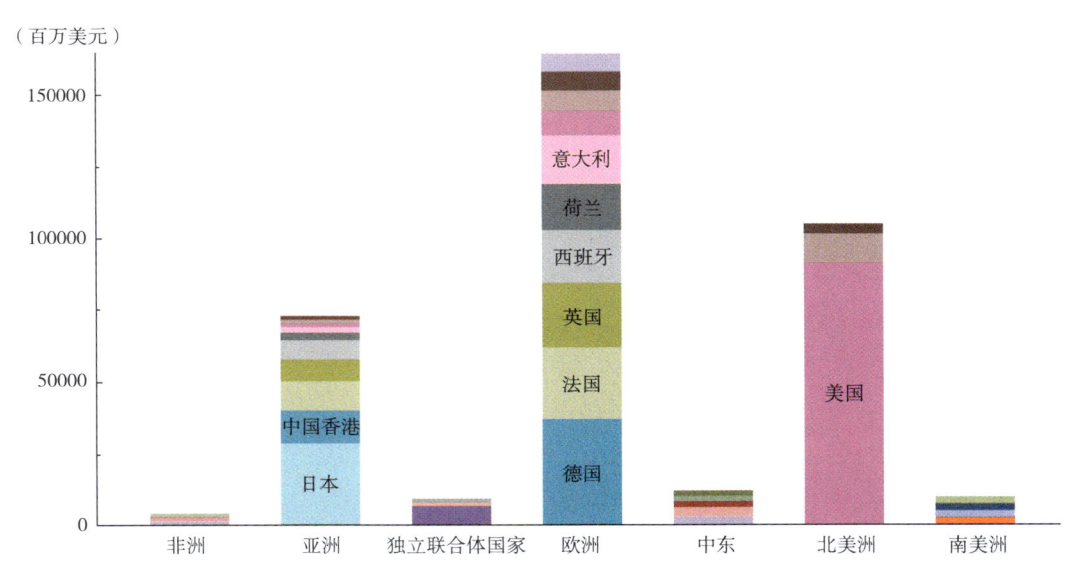

图3.7 2017年全球服装主要进口国家的大洲分布
图片来源：WTO

而亚洲服装主要出口国，越南、孟加拉国、印度尼西亚和柬埔寨服装进口规模非常小，表明上述国家服装加工业为出口导向型产业，其服装加工不是以国内市场销售为主，同时，人均GDP水平处于中等偏下收入组别，国内服装消费能力有限，购买力不强。

表 3.6 主要纺织品服装进出口国家人均 GDP 水平及收入组别

收入组别	人均国民总收入（现价美元）限值	国家	人均 GDP（美元）
高收入	> 12235	美国	59495
		德国	44470
		法国	39720
		英国	38477
		意大利	31953
		西班牙	28157
中等偏上收入	3956—12235	土耳其	10541
		中国	8827
中等偏下收入	1006—3955	印度尼西亚	3847
		越南	2343
		印度	1940
		巴基斯坦	1548
		孟加拉国	1517
		柬埔寨	1384

资料来源：世界银行

值得注意的是：发达经济体人均GDP水平高，服装购买力强，国内中低档服装消费以进口为主，服装主要进口来源地为发展中经济体。同时，在高端时装市场上，发达经济体拥有较强的出口能力。因此，发达经济体既是高端时装服装的出口国，又是中低档服装的进口国。如表3.7所示。

表 3.7　2017 年主要国家服装进口额及全球排位

前 15 位	国家	进口额（亿美元）	第 20 位以后	国家	进口额（亿美元）
1	美国	913.00	29	土耳其	23.91
2	德国	373.14	45	越南	10.93
4	法国	242.04	46	孟加拉国	10.87
5	英国	227.59	48	印度	8.64
6	西班牙	186.88	52	印度尼西亚	6.65
8	意大利	160.77	99	柬埔寨	1.23
13	中国	72.68	100	巴基斯坦	1.16

资料来源：WTO

表3.8显示，虽然人口数量决定市场规模，但是，发达经济体除美国和日本外，人口只有4000万—8000万人，但服装购买力水平高，服装消费能力强，进口规模大。而中国、印度、巴基斯坦和土耳其虽然人口多，但服装业以内销为主，兼顾出口。

表3.8 主要国家人口规模

人口规模	国家	人口（亿人）	人口规模	国家	人口（万人）
10亿	中国	13.80	5000万—9999万	越南	9270
	印度	13.20		德国	8300
1.4亿	美国	3.24		土耳其	8000
	印度尼西亚	2.60		法国	6700
	巴基斯坦	1.93		英国	6600
	孟加拉国	1.63		意大利	6100
			1000万—4999万	西班牙	4700
				柬埔寨	1600

资料来源：世界银行

从服装进口规模上看（图3.8），2010年和2017年全球服装进口额在800亿美元以上的国家只有美国，2010年美国服装进口额为819.39亿美元，2017年美国服装进口额为913美元。位居第2—第10位的国家，2017年服装进口额为100亿—400亿美元。

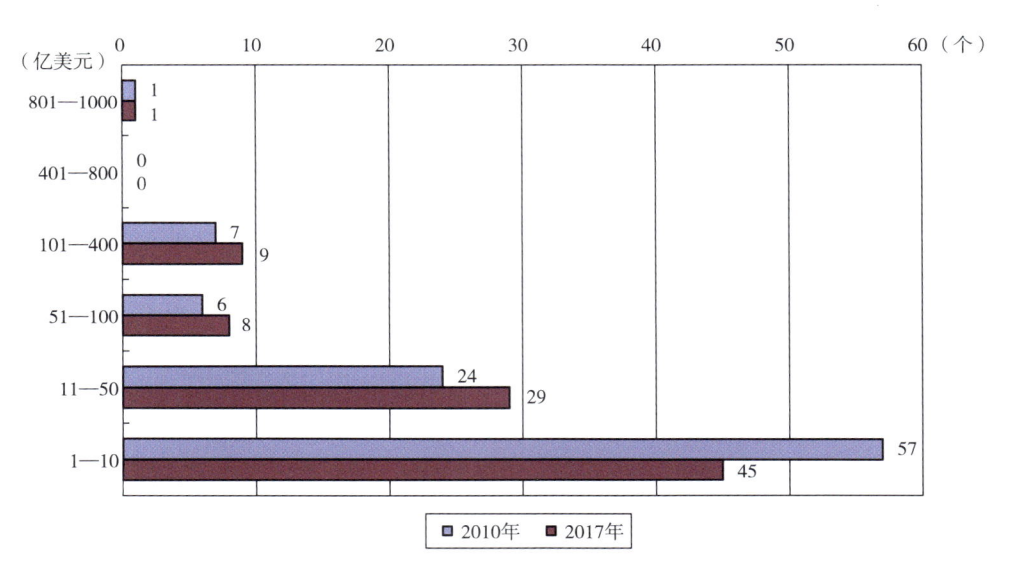

图3.8 2010—2017年全球服装进口规模各段国家数量
资料来源：WTO

2017年与2010年相比，全球服装进口贸易格局仍以发达经济体为主。2017年服装进口规模在50亿—100亿美元的国家增加到10个，进口额在10亿—50亿美元的国家增加到29个。

第二节 发达经济体国别纺织工业国际竞争优势分析

一、欧洲篇

1. 欧洲五国是全球纺织品服装贸易中心

欧洲主要发达经济体，自第一次工业革命以来，一直在全球纺织服装行业用有较强的国际竞争力，其中，德国、英国、法国、意大利和西班牙五国，不仅是全球纺织品服装消费市场，也是全球纺织品服装贸易中心，还是高档时装设计、制造和发布中心。

表3.9显示，2017年欧洲五国纺织品出口额占全球纺织品出口总额的13%，服装出口额占全球服装出口总额的16.7%，其中，德国和意大利位居全球纺织品和服装出口的前五位。

表3.9 2017年欧洲五国纺织品服装出口

全球位次	纺织品出口国	出口额（亿美元）	占全球比重（%）	全球位次	服装出口国	出口额（亿美元）	占全球比重（%）
3	德国	141.23	4.7	4	意大利	233.24	5.0
5	意大利	120.77	4.0	5	德国	209.42	4.4
16	法国	47.38	1.6	9	西班牙	143.45	3.0
17	西班牙	45.18	1.5	10	法国	117.32	2.5
19	英国	36.09	1.2	13	英国	83.37	1.8
合计		390.65	13.0			786.80	16.7

资料来源：WTO

表3.10显示，2017年欧洲五国纺织品进口额占全球纺织品进口总额的12.5%，服装进口额占全球服装进口总额的24.5%，欧洲五国位居全球服装进口的前10大市场，累计进口服装高达1190.42亿美元。

表3.10 2017年欧洲五国纺织品服装进口

全球位次	纺织品进口国	进口额（亿美元）	占全球比重（%）	全球位次	服装进口国	进口额（亿美元）	占全球比重（%）
4	德国	129.97	4.1	2	德国	373.14	7.7
7	意大利	82.08	2.6	4	法国	242.04	5.0
9	法国	69.66	2.2	5	英国	227.59	4.7
11	英国	65.52	2.1	6	西班牙	186.88	3.8
16	西班牙	47.29	1.5	8	意大利	160.77	3.3
合计		394.52	12.5	合计		1190.42	24.5

资料来源：WTO

从欧盟服装进出贸易格局看（表3.11），欧盟市场消费的中低价位的服装，主要以进口为主，前五位进口来源国有：中国、孟加拉国、土耳其、印度和柬埔寨等新兴市场和发展中经济体，而欧盟高档服装的主要出口市场为：瑞士、美国、俄罗斯、中国和日本等市场。

表 3.11 欧盟服装进出口市场

进口国	进口额（亿美元）	出口国	出口额（亿美元）
中国	333.78	瑞士	59.93
孟加拉国	173.29	美国	38.98
土耳其	109.92	俄罗斯	28.32
印度	61.7	中国	25.22
柬埔寨	42.12	日本	16.76

资料来源：WTO

2. 纺织工业仍是各国经济的重要产业之一

（1）德国以技术创新保持全球纺织服装领先地位

虽然欧洲五国工业化发展水平高，但纺织服装业仍是各国经济的重要产业之一。在德国纺织业对GDP的贡献率达3%，长期以来，德国纺织服装业以技术创新引领，使其成为德国最重要的产业之一，同时纺织品服装也是德国第二大消费商品（食品是第一大消费商品），纺织服装业大约有1200家中小型企业，加工业从业人员1.2万人，通过将低技术制造环节的海外转移，目前，德国拥有高科技环节的纺织业，使德国纺织业处于全球技术领先地位，并拥有45%的纺织先进技术。

（2）法国以高级时装引领全球时尚流行趋势

法国纺织服装业悠久历史，约有2300家中小型纺织服装企业，以高级时装手工定制闻名，将传统的纺织服装升级定位于高级时装，以高档、奢侈引领全球时尚流行趋势。法国聚集了世界顶级的高级时装、珠宝首饰、皮革制品、香水、化妆品、水晶制品加工企业。主要集团有路威酩轩（LVMH）、香奈儿（Chanel）、国际爱马仕（Hermès International）、迪奥（C.Dior）。

法国时尚业从业者有16万多人，每年创造350亿欧元的产值。法国在三个时尚领域占领全球高端市场：香水和化妆品、高级时装（奢侈品成衣）、高级珠宝，它们占法国消费品广告年支出总额的43%。

（3）纺织品服装贸易是意大利第五大出口商品

纺织服装业是意大利历史悠久的传统行业，也是意大利国民经济的支柱产业，经过多年的发展，意大利成为全球纺织品服装生产和出口强国。

意大利纺织服装业代表了意大利制造业的核心，拥有企业9.3万余家，产业工人近80万人，年销售额超过430亿欧元，拥有意大利工业2/3的贸易顺差。意大利男装年销售额达90亿欧元，意大利男装的出口额规模在58亿欧元。法国是意大利男装在欧洲的最大市场之一，每年销售额的占比达到了9.9%。

意大利主要出口商品有纺织品服装、皮革及皮革制品，主要进口商品有化工及人造纤维。2017年意大利纺织品服装是意大利第五大出口产品，主要出口市场是欧洲国家和美国。见表3.12。

表 3.12 2017 年意大利纺织品服装出口市场

国家	出口额（亿美元）	同比（%）	占比（%）
德国	35.49	6.4	10.4
法国	32.23	3.5	9.5
英国	21.80	6.8	6.4
美国	21.42	1.0	6.3
西班牙	20.01	7.1	5.9

资料来源：WTO

（4）纺织服装业为英国制造业的第六大产业

英国将纺织服装业定位于文化创意产业。纺织服装业是英国制造业的第六大产业，大约有1.5万家企业，全行业从业人员约36.4万人。其中纺织制造企业大约有7000家，成衣制造商有8000家，除了少数著名的大企业外，大部分为中小企业，雇员人数不到100人。居民年消费支出中6%用于衣着消费。

（5）西班牙纺织服装产量居欧盟第五位

纺织服装业在西班牙工业中占重要地位，约占其工业产值的4%。西班牙纺织服装产量占欧盟总产量的1/10，居德国、意大利、英国、法国之后的第五位。西班牙纺织服装企业多为中小企业，从业人员达1.2万人，纺织服装行业创造的产值约270亿欧元。西班牙纺织品生产主要集中在加泰罗尼亚和瓦伦西亚两个自治区，服装生产遍及全国。

3. *欧洲五国全球时装教育领先地位*

欧洲五国在全球时装行业的领先优势，与重视时装设计人才培养密切相关。各国都有世界顶级的时装设计学院，非常注重纺织服装文化教育，做到既站在流行前沿，又不失这个行业应有的严谨，成为世界著名时装设计师的摇篮。

4. *打造世界顶级品牌和零售渠道占据全球价值链高端环节*

经历百年的发展，欧洲五国拥有世界知名时装品牌（表3.13），包括奢侈品牌、男装品牌、女装品牌、快时尚品牌、运动品牌、内衣及户外服装品牌等。上述品牌定位分别高端市场、中端市场和大众市场，通过设计、品牌文化和商业模式创新，占据全球服装消费各个细分市场。

Fashion United公布的2017年全球市值排名前100家（Top 100 Index）服装时尚类上市公司中，欧洲五国有27家服装时尚类上市公司进入前100大。其中，英国服装时尚公司有10家、意大利有7家、德国有5家、法国有4家、西班牙有1家。

表 3.13 欧洲五国拥有世界知名时装品牌

国家	品牌	2016年品牌价值	国家	品牌	2016年品牌价值
法国	LVMH Hermès Chanel Christian Dior Kering Cartier Lacoste	255.3 亿美元 257.8 亿美元 81.6 亿美元 24.6 亿美元 220 亿欧元 173.5 亿美元 10.3 亿美元	英国	Burberry Next Asos Marks & Spencer Ted Baker	74.3 亿美元 101.9 亿美元 10.5 亿美元 61.8 亿美元 7.6 亿美元
意大利	Luxottica Armani Max Mara Zegna Dolce & Gabbana Valentino Itierre S.p.A. OTB Group Moncler Salvatore Ferragomo Italia	230 亿欧元 21.1 亿美元 16.7 亿美元 69.8 亿美元 30.7 亿美元 8.69 亿美元 390 万欧元 370 万欧元 30.1 亿美元 26.9 亿美元 360 万欧元	德国	Adidas Zalando Hugo Boss NewYorker PUMA	92.2 亿美元 10.7 亿美元 22.0 亿美元 29.0 亿欧元 11.3 亿美元
			西班牙	Inditex El Corte Inglés Group PUIG MANGO Desigual	1111.7 亿美元 234 亿欧元 60 亿欧元 60 亿欧元 6.3 亿美元

资料来源：Fashion United

德勤发布的"2018全球零售力量250"榜单，是根据全球零售商2016年营业收入进行排名。其中，服饰和配饰品类零售商有21家进入250强（表3.14），德国有2家，分别为：快时尚品牌C&A和Deichmann SE；法国有2家，分别为：Kering S.A.和Hermès；西班牙的快时尚品牌Inditex，S.A.；英国的大型服装零售商Primark和Next plc。其中，西班牙的快时尚品牌Inditex，S.A.在全球93国家开展零售活动；法国的Kering S.A.在95个国家从事服装零售。

大多数的服饰和配饰零售商都在海外开展零售，平均每个零售商在26个国家开展运营，服饰和配饰零售商每个店的营业收入平均在94亿美元。上述全球著名服装品牌通过市场的国际化、全球化控制价值链销售环节，从而获得商品定价的话语权。

表 3.14 "2018全球零售力量250"榜单中的服饰和配饰品类零售商

国家	服饰和配饰品类零售商	2016年营业收入（百万美元）	排名	销售市场（国家数量）
德国	C&A Deichmann SE	7373 5310	132 179	18 24
法国	Kering S.A. Hermès	7727 4613	128 204	95 47
西班牙	Inditex，S.A.	25734	38	93
英国	Primark Next plc	8451 5443	115 175	11 72

资料来源：德勤

5. 欧洲五国是全球服装主要消费市场

欧洲五国人均衣着购买力强，人均GDP水平高，尽管各国人口在4500万—8000万人，但平均每个家庭年服装支出在1000欧元以上，巨大的国内消费市场对纺织服装业形成有力的支撑。见表3.15。

表 3.15 欧洲五国服装消费市场规模

国家	国内服装市场规模	国家	国内服装市场规模
德国	836亿美元	西班牙	311亿美元
意大利	60.75亿欧元	英国	941亿美元
法国	433亿美元		

资料来源：Fashion United

以英国为例（表3.16），Burberry集团是英国最大的奢侈品时尚公司之一，其年营业收入达38亿美元，Burberry品牌旗下的商品主要通过零售和批发渠道销售，分别占其销售的77%和22%。Next Plc是英国第二大快时尚零售商，其以英国国内市场销售为主，年营业收入达40亿英镑，海外市场只占2%。Mark & Spencer是英国第三大时装公司，年营业收入达103亿英镑，同时也是英国食品零售商。ASOS，英国第四大企业，是英国时尚电商，在线销售850个服装服饰品牌，年营业收入达18亿英镑，海外销售占其零售额的63%。Iconic是Burberry集团旗下的时装品牌，年营业收入为25亿英镑。

表 3.16 英国著名时装品牌商

品牌	品牌定位	年营业收入	渠道
Burberry	奢侈品企业	38亿美元	品牌零售占其销售额的77% 品牌批发占其销售额的22%
Next Plc	快时尚零售商	40亿英镑	以英国国内市场销售为主 海外销售额仅占2%
Mark & Spencer	第三大时装公司	103亿英镑	英国国内市场销售占其销售的89%
ASOS	时尚电商	18亿英镑	海外销售占其零售额的63%
Iconic	奢侈品	25亿英镑	
New Look	快时尚零售商	15亿英镑	
Sports Direct	服装和鞋零售商	28亿英镑	
JD Sports	体育时尚专卖	15亿英镑	
Kurt Geiger	高端鞋履品牌	10亿英镑	
House of Fraser.	百货商场	15亿英镑	

资料来源：Fashion United

6. 发达的服装零售市场带动数十万人的就业

同时，发达的服装零售业，带动几十万人就业，例如，服装销售占英国零售市场的6%，服装年销售额达660亿英镑。英国时装行业从业人员达55万人（表3.17），涵盖服装加工业、纺织业和服装零售业。其中，服装零售从业人员，占行业从业人员的75%，达41.4万人，而服装加工业从业人员为3.4万人，约占整个行业从业人员的6%。

表 3.17 英国与服装相关从业人员

相关产业	从业人数	占行业从业人员比重（%）
服装零售业	414000	75
鞋和皮革零售业	58000	10
服装批发业	43000	8
服装制造业	34000	6
鞋制造业	5000	1
合计	555000	

资料来源：Fashion United

在法国的工业产业中，几乎每13家企业中就有一个与纺织服装行业相关，法国有20.1万人从事服装零售。

二、美国篇

1. 美国是全球最大的纺织品服装进口国

美国是全球第一大纺织品和服装进口国。2017年美国纺织品进口额为297.46亿美元，占全球纺织品进口总额的9.4%，服装进口额为913.00亿美元，占全球服装进口总额的18.8%。2017年美国从34个国家和地区进口超过1000亿美元的纺织服装产品。如表3.18所示。

表 3.18 2017 年美国纺织品服装进口额及地位

位次	纺织品进口额（亿美元）	占全球纺织品进口比重（%）	位次	服装进口额（亿美元）	占全球服装进口比重（%）
1	297.46	9.4	1	913.00	18.8

资料来源：WTO

美国服装进口以成衣、毛衫、运动装、套衫为主，其中，女装进口额占13%，男装进口额占9%，T恤衫进口额占5%。

2. 美国是全球第四大纺织品出口国

根据WTO数据显示（表3.19），美国纺织品服装出口总额为193.86亿美元，其中，纺织品出口额为136.58亿美元，占全球纺织品出口总额的4.5%，为第四大纺织品出口国，服装出口57.28亿美元。

表 3.19 2017 年美国纺织服装出口额及地位

位次	纺织品出口额（亿美元）	占全球纺织品出口比重（%）	位次	服装出口额（亿美元）	占全球服装出口比重（%）
4	136.58	4.5	16	57.28	1.2

资料来源：WTO

根据美国海关统计，2017年美国纺织品服装出口总额为286亿美元，较2016年同比增长9%，美国以纤维、纱线、布料、成衣和服装出口为主，其中，棉花和羊毛及原料出口额为59亿美元，纱线出口额44亿美元，布匹出口额89亿美元，家纺及非服用出口额为37亿美元，服装出口额57亿美元。

2017年美国纺织服装业向200多个国家和地区出口产品，出口市场以北美自贸区和中美洲自贸区为主，占出口总额的54%。

3. 美国纺织服装业产值达779亿美元

根据美国纺织工业委员会（NCTO）公布的数据显示（表3.20），2017年，美国人造纤维和长丝、纺织品和服装的产值约为779亿美元，高于2016年的744亿美元，比2009年增长了16%。

表3.20 2017年美国纺织业产值按行业细分

各细分行业	产值（亿美元）	占总产值比重（%）
纱线及织物	315	40.4
家庭装饰、地毯及其他非服用纺织品	266	34.1
服装	125	16.1
人造纤维	73	9.4
总产值	779	

资料来源：NCTO

按照行业细分，纱线及织物业产值达315亿美元，占行业总产值的40.4%；家庭装饰、地毯及其他非服用纺织品产值为266亿美元，占行业总产值的34.1%；服装业产值为125亿美元，占行业总产值的16%；人造纤维产业产值为73亿美元，占行业总产值的9.4%。

4. 美国对纺织业投资增长大大提高了劳动生产率

从投资增长看，美国在纤维、纱线、织物和其他非服装纺织产品领域的投资，从2009年的9.6亿美元增长到2016年的21亿美元。

2006—2016年，美国纺织工业投资200亿美元用于新工厂和设备，包括废旧纺织品和其他废弃物转化为新纺织品和树脂的设备。自2000年以来，美国纺织厂的劳动生产率提高了60%。美国对纺织业投资增长，显示对行业前景持乐观态度。

5. 美国纺织服装业提供了超过55万个就业岗位

在美国，纺织产业供应链提供了超过55.05万个就业岗位（表3.21），包括：纱线、织物行业从业人员达11.23万人；家用、地毯、非服用纺织工业从业人员达11.47万人；服装制造业从业人员达11.93万人；人造纤维行业从业人员达2.51万人；棉花种植及其他相关产业提供12.66万人的就业；羊毛及其相关提供了5.25万人的就业。2017年美国纺织工人的周薪为646美元，远高于服装商店的员工。

表 3.21　美国与纺织服装行业各细行业从业人员

各细分行业	从业人数（万人）	占行业从业人员比重（%）
纱线、织物	11.23	20.4
家用、地毯、非服用纺织	11.47	20.8
服装制造	11.93	21.7
人造纤维	2.51	4.6
棉花种植及其他相关产业	12.66	25.3
羊毛及其相关	5.25	15.5
合计	55.05	100

资料来源：NCTO

美国政府估计，一个纺织业的岗位能够带动3个其他行业的工作岗位。在美国服装零售业领域从业人员达到140万人，还有14.5万人从事服装批发及贸易活动，时装设计师有1.8万人。仅纽约市，与时装产业相关的从业人员达18.5万人。

6. 美国是全球纺织品研发的领导者

美国服装以运动、休闲、专业著称，服装品牌企业专注面料的功能性开发，运动的专业性研究，特别是在运动服和户外服领域，美国服装品牌具有较强的国际竞争优势，例如，Nike公司开发了纳米纤维，这种纤维成为户外体育用品非常适宜的用料。

美国长期以来，在许多纺织纤维技术领域处于全球领先地位，占据全球科技类纺织品高端市场，产品附加值高。大规模定制设计包括使用3D扫描和设计公司定制、电脑辅助设计等生产技术。如Nike公司在尺寸、样式、构造、做工和颜色方面为户外体育用品客户提供定制服务，Target公司也为医疗、车辆用布的客户提供类似服务。

在下一代纺织材料领域，美国是全球纺织品研发的领导者，如具有抗静电性能的导电织物，可监测心率和其他生命体征的电子纺织品，抗菌纤维，防弹衣和适应气候的新面料使穿着者更温暖或更凉爽。

美国产业用纺织品，包括车辆用、船舶用、建筑用、居室用和医疗卫生用和体育运动用的纤维消费量，超过衣着用纺织品。

7. 美国拥有全球最大运动装和户外装品牌

表3.22显示，美国最大服装品牌零售商之一，Nike是美国运动生活方式品牌商，年营业收入达306亿美元，Nike品牌的商品全球销售，但美国使其最大的销售市场，占年销售的46%；欧洲市场占19%。Nike公司收入的94%是来自Nike品牌产品，其余的6%的收入来自Converse子品牌。Nike鞋品销售占其总共收入的64%。

美国第二大时装公司，快时尚品牌TJX公司，年营业收入309亿美元，旗下有知名的快时尚品牌T.J.Maxx，美国市场占T.J.Maxx销售总额的86%。TJX公司旗下的品牌还有HomeSense、Winnershe和Marshalls，主要在加拿大和欧洲市场销售。

美国第三大时装公司是VF，年营业收入达124亿美元。其旗下拥有Lee，The North Face，Timberland、Vans和Napapijri等品牌，其中，The North Face，Timberland和Vans等户外运动品

牌占其营业收入的60%。

L Brands是维多利亚的秘密品牌的母公司，年营业额达121.5亿美元，其中93的营业收入是来自美国本土。其旗下拥有Victoria's Secret、Bath & Body Works和the Express等连锁店，主要以销售年轻女性服装为主。

美国第五大时装品牌是Under Armour，是体育运动装备品牌，尽管品牌历时只有20多年（公司成立于1996年），品牌通过体育运动装备的专业路线，价格比Nike还高，是体育装备中的顶级品牌。最著名的是其紧身衣，Under Armour运动品牌有三大系列装备：Heat Gear热装备系列、Cold Gear冷装备系列、Foot Wear运动鞋系列。使其年营业收入已达40亿美元，其中95%是来自北美市场。

表3.22 美国著名服装品牌商

品牌	品牌定位	年营业收入（亿美元）	渠道
Nike	运动生活方式品牌	306	美国市场占其销售总额的46%，欧洲市场占19%其中，鞋品销售占收入的64%
TJX	快时尚零售商	309	美国市场占其零售额的86%同时在加拿大和欧洲销售
VF	户外运动品牌零售商	124	The North Face，Timberland和Vans户外运动品牌占其营业收入的60%
L Brands	女性服装全美连锁专卖店	121.5	93%的营业收入来自美国本土
Under Armour	体育运动装备品牌	40	北美市场占95%

资料来源：Fashion United

8. 美国服装品牌市值高

Fashion United公布的2017年全球市值排名前100家（Top 100 Index）服装时尚类上市公司中，美国有45家服装时尚类上市公司进入前100名，表明美国时装企业善于借助资本市场发展壮大，时装类企业上市公司多，市值高，如Nike居100大第二位，TJX品牌居第七位。如表3.23所示。

表3.23 美国45家时装公司市值（按字母排序）

时装公司名称	资本市场市值（亿美元）	时装公司名称	资本市场市值（亿美元）
Cato Fashion	2.96	PVH HQ	110.5
Genesco	7.96	Deckers Outdoor	30.1
Lululemon	109.8	Foot locker	49.2
Express	5.91	Under Armour	72.9
Columbia Sportswear	54.2	Oxford Industries	13.9
Dick's Sporting Goods	34.1	Gap	132.6
G.III Apparel Group	18.3	Dillard's	24.0
TJX	510.1	Guess	13.2
Coach	145.2	Ascena Retail Group	474

续表

时装公司名称	资本市场市值（亿美元）	时装公司名称	资本市场市值（亿美元）
Hanes	73.1	DSW	15.5
Children's Place	24.1	Nordstrom	86.5
Buckle	10.4	Fossil	683
Ralph Lauren	87.3	Michael Kors	94.2
Chico's	11.9	Caleres	12.3
Urban Outfitters	39.2	J.C. Penney	11.8
American Eagle Outfitters	35.3	Skechers	64.5
VF	290.7	Wolverine	27.9
Vipshop Holdings	105.0	Carter's	54.8
Ross Stores	298.0	L Brands	125.9
Francesca's	1.81	Abercrombie & Fitch	14.1
Vera Bradley	3.63	Nike	1078.3
Steve Madden	26.8	Macy's	92.4
Tiffany & Co.	125.6		

资料来源：Fashion United

9. 美国服装品牌重视海外市场开拓

德勤发布的"2018全球零售力量250"榜单中，美国服饰和配饰品类零售商有9家进入250强（表3.24），数量最多。其中，Nike在全球81个国家有零售业务，L Brands，Inc.在全球79个国家有零售业务，海外市场对品牌销售收入的增长，提供有力的支撑。

表3.24　"2018全球零售力量250"榜单中美国服饰和配饰品类零售商

服饰和配饰品类零售商	2016年营业收入（百万美元）	排名	销售市场（国家数量）
The TJX Companies，Inc.	33184	32	10
The Gap，Inc.	15516	61	53
Ross Stores，Inc.	12867	73	1
L Brands，Inc.	12574	76	79
Nike，Inc.	9081	109	81
Foot Locker，Inc.	7766	125	32
Ascena Retail Group，Inc.	6995	140	3
Forever 21，Inc.	4000	229	57
Raiph Lauren Corporation	3682	243	49

资料来源：德勤

第三节　新兴经济体国别纺织工业国际竞争优势分析

一、传统纺织品服装出口国家与地区

印度、巴基斯坦和土耳其三国纺织服装产业历史悠久，是本国传统工业，产业基础好，还拥有棉花、羊毛、麻纺织原料资源。印度为全球第二大人口国，人口已达13.2亿人，巴基斯坦人口为1.93亿人。在三国中，土耳其人均GDP水平最高，为10541美元，印度和巴基斯坦分别为1940美元和1548美元。近年来，三国政府重振纺织服装业，并将其作为国民经济的重要支柱产业、出口创汇产业和贸易顺差的重要出口商品，大力发展纺织服装业，三国纺织服装业国际竞争力有了显著提高。

1. 印度、巴基斯坦和土耳其拥有棉花资源优势

全球六大产棉国有：印度、中国、美国、巴基斯坦、巴西和土耳其，其中，印度棉花产量居全球第一位，2017年印度棉花产量达596.4万吨。如表3.25所示。

表 3.25　全球棉花主要生产国　　　　　　单位：万吨

年份	印度	中国	美国	巴基斯坦	巴西	土耳其
2015 年	574.6	590.7	280.6	151.4	128.9	64.0
2016 年	646.3	534.3	307.5	205.6	144.9	67.9
2017 年	596.4	565.3	396.9	192.5	133.8	65.6

资料来源：中国纺织工业发展报告

印度。凭借着优良的气候条件和优越的地理位置，在棉花的产量上一直位居世界前列。印度同时是棉花出口国，无论是在棉花的种植面积上还是在出口数量上，印度在全球占比较大，为印度纺织服装行业提供有力的原料支撑。印度也是全球最大的黄麻生产国、第二大生丝生产国，是继中国之后世界第二大纺织品生产国。

巴基斯坦。是全球第四大产棉国，但也是全球第三大棉花消费国和进口国，主要从印度和美国进口棉花。

土耳其。为世界第六大产棉国，由于土耳其棉花是大规模机械化种植，且棉农种植效率高，棉种质量优良，但土耳其棉花仍需进口。

2. 纺织服装业均为三国的支柱产业

印度。纺织业在印度国民经济中占有及其重要的地位。纺织业贡献了印度GDP的4%，工业总产值的14%，纺织工业是继农业后的第二大产业。

巴基斯坦。纺织业是巴基斯坦制造业中最重要的行业，纺织业贡献了近1/4的工业增加值，对国内生产总值的贡献率为8.5%，为40%的工业劳动力提供的就业岗位。

土耳其。纺织、成衣及皮革制品工业是土耳其国民经济的支柱产业之一，纺织品服装在土耳其经济中具有举足轻重的作用。土耳其纺织和服装行业占国内生产总值的5.5%；工业产值的

17.5%；占制造业产值的19%；纺织服装业的就业人数占全国制造业的21%。如表3.26所示。

表3.26 三国纺织业在国民经济的地位

国民经济的地位	印度	巴基斯坦	土耳其
纺织业占GDP（%）	4	8.5	5.5
纺织业占工业产值（%）	14	25	17.5
占工业就业人员（%）	—	40	21

资料来源：Fashion United

3. 三国拥有较为完整的纺织服装产业链

印度。18世纪末英国机器纺织工业兴起，精美的机织品将印度手工棉纺织排挤出市场，印度转而成为原棉供应国。19世纪统治印度的不列颠东印度公司，为了从印度获得廉价原棉以供应英国纺织工业需求，积极鼓励植棉。18世纪下半叶，印度引进陆地棉，1854年在孟买建立了第一个机器纺织工厂，开始了印度现代纺织工业。印度是悠久的文明古国，其服装工业和地毯工业已经有几百年的历史，拥有完整的产业链，印度主要有棉产品、人造纤维、毛制品、丝织品、黄麻制品、手织品、地毯、手工艺品及成衣。

巴基斯坦。有着完整的产业链：从棉花、轧棉、纺纱、布料、印染到成衣制造。巴基斯坦从事纺织业的企业约3万家，大多数为小型企业或家族作坊式企业。拥有1340万纱锭；37584台喷气、无梭织机，37000台电动织机，115家后整理企业，年产101亿米面料；针织厂1200家，年产9000万打服装，缝纫厂5000家，年产6000万件服装。

土耳其。拥有5.6万家纺织服装企业，从业人数200万人，土耳其纺织业的技术水平居全球领先地位，纺织服装装备配套，如针织、色染、印花以及装饰等都很发达。地毯、家纺家居产品、皮草皮革、T恤衫和套头衫，是土耳其纺织和服装最具特色的重要产品。

4. 纺织品服装是三国的出口创汇产业和贸易顺差的主要商品

印度、土耳其和巴基斯坦三国货物出口一直处于逆差状态，但纺织品服装在三国是重要的出口创汇产业和贸易顺差的主要商品。印度、土耳其和巴基斯坦纺织品出口居全球前十位，其中，印度纺织品出口位居中国之后的第二大出口国，2017年印度纺织品出口额为173.70亿美元，占全球纺织品出口总额的5.8%。

印度和土耳其服装出口居全球服装出口国的第6位和第7位，2017年印度服装出口额为186.17亿美元，占全球纺织品出口总额的3.9%。见表3.27。

表3.27 2017年三国纺织品服装进口额及地位

国家	位次	纺织品出口额（亿美元）	占全球纺织品出口比重（%）	位次	服装出口额（亿美元）	占全球服装出口比重（%）
印度	2	173.70	5.8	6	186.17	3.9
土耳其	6	114.49	3.8	7	151.01	3.2
巴基斯坦	9	78.68	2.6	18	54.70	1.2

资料来源：WTO

印度。根据印度商业信息统计署与印度商务部统计，2017年印度货物出口额为2965.5亿美元，印度进口总额为4469.4亿美元，贸易逆差高达1503.8亿美元。

纺织品服装是印度第三大类出口商品，2017年纺织品服装出口额为374.29亿美元，占其货物出口总额12.6%，主要出口市场为美国、阿联酋、孟加拉国、英国和德国（表3.28）。2017年纺织品服装进口额为66.25亿美元，占进口总额的1.5%。2017年印度纺织品服装贸易顺差额为308.04亿美元，因此，纺织品服装是印度重要的出口创汇商品和贸易顺差主要商品。

表3.28　2017年印度纺织品服装出口主要市场

国家	金额（亿美元）	同比（%）	占比（%）
美国	7807	3.6	20.9
阿联酋	4134	.5.5	11.1
孟加拉国	2295	18.4	6.1
英国	2252	0.8	6.0
德国	1793	4.9	4.8

资料来源：印度商业信息统计署与印度商务部

土耳其。是全球纺织品第六大出口国，全球服装第七大出口国。2017年土耳其纺织品出口额为114.49亿美元，占全球纺织品出口总额的3.8%，服装出口额为151.01亿美元，占全球服装出口总额的3.2%。

根据土耳其统计局统计数据显示，2017年土耳其货物贸易进出口额为3914.2亿美元。其中，出口额为1571.8亿美元，进口额为2342.5亿美元，贸易逆差达770.7亿美元。

纺织品服装是土耳其第二大类出口商品，2017年土耳其纺织品服装出口额为268.52亿美元，占其货物出口总额17.1%。土耳其纺织品的70%出口国外，主要出口市场有：德国、西班牙、英国、美国和意大利（表3.29）。2017年土耳其纺织品服装进口额为118.5亿美元，占其进口总额的5.1%。纺织品服装是土耳其重要的出口创汇商品，2017年纺织品服装贸易顺差额为150.02亿美元。

表3.29　2017年土耳其纺织品服装出口主要市场

国家	金额（亿美元）	同比（%）	占比（%）
德国	3737	2.9	13.9
西班牙	2367	16.6	8.8
英国	2356	-1.7	8.8
美国	1360	15.8	5.1
意大利	1351	-0.7	5.0

资料来源：土耳其统计局

巴基斯坦。纺织业是巴基斯坦最重要的支柱产业和最大的出口行业。其中，服装（成衣和针织品）超过90%出口到欧美；棉纱、棉布等初级产品则主要出口到中国、印度、孟加拉国等竞争对手国，由这些国家深加工后再出口到欧美。

根据WTO数据显示，2017年巴基斯坦货物出口额为217.25亿美元，进口总额为577.46亿美元，贸易逆差额为360.21亿美元。2017年巴基斯坦纺织品服装出口额为97.39亿美元，进口总额为55.66亿美元，贸易顺差额为41.54亿美元。纺织服装业是巴基斯坦最重要的支柱产业和最大的出口行业，纺织品服装出口额占其货物出口总额的44.8%。

巴基斯坦纺织服装业是出口导向型产业，根据巴基斯坦统计数据显示，2017/2018财年纺织品服装出口额为135亿美元，主要出口棉纱、棉布、针织服装、床上用品、毛巾、成衣等。主要出口市场为美国、中国、英国、德国、孟加拉国、意大利等。巴基斯坦纺织品进口主要有人造纤维、纱线及面料，2017年三类纺织品进口额为8.8亿美元。

二、新兴纺织品服装出口国家与地区

越南、孟加拉国、印度尼西亚、柬埔寨四国中，印度尼西亚是新兴市场国家，GPD总量居全球第16位，是世界第四人口大国，人口达2.6亿人。越南作为发展中经济体，通过吸引外资，逐步走向工业化的发展中国家迈进。孟加拉国是最不发达国家之一，经济发展水平较低，国民经济主要依靠农业。柬埔寨是传统农业国，工业基础薄弱，属世界上最不发达国家之一，贫困人口占总人口的28%。

（1）四国纺织品服装贸易快速增长

近年来，四国承接纺织服装产业国际转移，特别是与欧盟和美国签署的自贸协定，服装出口享受普惠制零关税待遇，一跃进入全球服装出口前15位国家（表3.30）。2017年孟加拉国和越南分别为全球服装出口第二和第三大出口国，两国服装出口额达292.13亿美元和277.82亿美元，各自占全球服装出口总额的6.2%和5.9%。

表3.30 2017年四国服装出口额及地位

国家	位次	服装出口额（亿美元）	占全球服装出口比重（%）
孟加拉国	2	292.13	6.2
越南	3	277.82	5.9
印度尼西亚	14	82.14	1.7
柬埔寨	15	71.93	1.5

资料来源：WTO

随着服装加工业的快速发展，四国纺织品进口快速增长（表3.31），2017年越南成为全球纺织品第二大进口国，进口额达162.11亿美元，占全球纺织品进口总额的5.1%。孟加拉国为全球纺织品第五大进口国，进口金额为94.03亿美元，占全球纺织品进口总额的3%。

表 3.31　2017 年四国纺织品进口额及地位

国家	位次	进口额（亿美元）	占全球纺织品进口比重（%）
越南	3	162.11	5.1
孟加拉国	5	94.03	3.0
印度尼西亚	13	56.84	1.8
柬埔寨	17	46.11	1.5

资料来源：WTO

（2）越南和印度尼西亚纺织工业发展较快

越南。纺织服装行业是越南的国家支柱产业之一，越南约有6000家纺织和服装制造企业，其中私营企业占84%，外商直接投资企业占15%，国有企业仅占1%。目前越南约有250万人从事纺织服装加工业。纺纱700万锭，纱线产量70万吨。2017年越南纺织品出口额为73.76亿美元，居全球出口国第11位，占全球纺织品出口总额的2.5%。

印度尼西亚。纺织服装行业一直是印度尼西亚历史最悠久而且最具有战略意义的行业之一，其产值、出口额和就业规模在全国各行业中居领先地位。纺织服装行业是印度尼西亚支柱型产业，承接全球知名品牌服装的加工，印度尼西亚的棉纺、织造和服装的生产能力规模较大。印度尼西亚不产棉花，棉花主要从澳大利亚、美国进口，但化纤生产相对发达。进口产品主要棉花、棉布、人造纤维纱线及面料等。棉花进口量占印尼总用棉量的98%。见表3.32。

表 3.32　2017 年越南和印度尼西亚纺织品出口额及地位

国家	位次	出口额（亿美元）	占全球纺织品出口比重（%）
越南	11	73.76	2.5
印度尼西亚	18	40.43	1.4

资料来源：WTO

印度尼西亚各类纺织服装企业约2853家，行业从业人口273万。2017年印度尼西亚纺织品出口额为40.43亿美元，居全球出口国第18位，占全球纺织品出口总额的1.4%。

（3）孟加拉国和柬埔寨以制衣业为主

孟加拉国。服装产业是孟加拉国的支柱产业，孟加拉国服装产业取得较快发展，服装工厂从1984年初的384家增长到2017年的4560家，从事成衣服装加工的工人从1984年的12万人增长到2017年的450万人，其中80%为女性，从业人口占全国就业人口6%，占全国工业人口数量的50%以上。制衣业的兴衰直接影响孟加拉国就业状况、社会稳定、减贫乃至该国国民经济发展，可以说是孟加拉国经济的生命线。孟加拉国自2011年以来，成为仅次于中国的全球第二大服装出口国。

孟加拉国是世界上第二大黄麻生产国，年产量超过100万吨，其中，65%用于国内生产消费，其余用于出口。黄麻及制品是孟加拉国第二大出口产品。

柬埔寨。柬埔寨纺织制衣业是支柱产业，也是提供就业，消减贫困、保持社会稳定的重要行业，柬埔寨工业是以纺织工业为主，约占工业总产值的90%。2000年以来，柬埔寨制衣业快速发展，目前，柬埔寨国内制衣厂数量已达550家，制衣业工人总数达55万人。

（4）四国服装业为出口导向型产业，是主要贸易顺差商品

四国劳动资源丰富，且劳动力成本低，制衣业以承接国际订单。例如，柬埔寨的多数制衣工厂只做服装OEM加工，制衣企业以外商投资为主，投资商主要以中国台湾、日本、韩国、中国大陆为主。孟加拉国制衣业为全球知名品牌，如Zara, H&M等代加工产品。目前孟加拉国服装厂可以加工牛仔裤、T恤衫、休闲装、童装等各种产品，还有T恤衫和牛仔裤中的高端产品。各大国际知名品牌都将印度尼西亚作为其全球出口的生产基地之一，为全球品牌提供完整的服装产业链服务。

越南。根据WTO数据显示，2017年越南货物出口额为2143.23亿美元，进口总额为2115.18亿美元，贸易顺差额为28.05亿美元。

2017年越南纺织品服装出口额为351.58亿美元，纺织品服装进口总额为173.04亿美元，纺织品服装贸易顺差额为178.54亿美元。纺织品服装顺差额远远大于货物贸易顺差额。

从出口的贡献率看（表3.33），2017年越南服装出口额为277.82亿美元，占货物出口总额的13%，纺织品出口额为73.76亿美元，占其货物出口总额的3.4%。

表3.33　2017年四国服装出口对其货物出口的贡献率

国家	货物出口额（亿美元）	服装出口额（亿美元）	占全球货物出口比重（%）
越南	2143.23	277.82	13.0
孟加拉国	358.51	292.13	81.5
印度尼西亚	1685.58	82.14	4.9
柬埔寨	110.11	71.93	65.3

资料来源：WTO

孟加拉国。根据WTO数据显示，2017年孟加拉国货物出口额为358.51亿美元，进口总额为528.36亿美元，贸易逆差额为169.85亿美元。2017年孟加拉国纺织品服装出口额为310.13亿美元，纺织品服装进口总额为104.9亿美元，贸易顺差额为205.23亿美元，纺织服装业是孟加拉国最重要贸易顺差商品之一。

从出口的贡献率看（表3.33），2017年孟加拉国服装出口额为292.13亿美元，占货物出口总额的81.5%，服装行业主要依赖于出口，是出口导向型产业。

印度尼西亚。纺织服装行业不仅是印尼的重要经济支柱，也是主要外汇来源之一。根据印度尼西亚统计局统计，2017年印度尼西亚货物进出口额为3245.7亿美元。其中，出口额1676.4亿美元；进口额1569.3亿美元，贸易顺差107.2亿美元。

从出口的贡献率看（表3.33），2017年印度尼西亚服装出口额为82.14亿美元，占其货物出口比重的4.9%，纺织品出口额为40.43亿美元，占货物出口比重的2.4%。同时，纺织品服装贸易顺差额为178.54亿美元，远远大于其货物贸易顺差额。

纺织品服装是印度尼西亚第四大类出口商品，2017年纺织品服装出口额为122.57亿美元，占其货物出口总额7.3%，主要出口市场为美国、日本、中国、韩国和土耳其

（表3.34）。2017年纺织品服装进口额为88.04亿美元，占进口总额的5.6%。

表 3.34　2017 年印度尼西亚纺织品服装出口主要市场

国家	出口额（亿美元）	同比（%）	占比（%）
美国	43.16	12.8	35.2
日本	13.21	10.7	10.8
中国	8.10	30.2	6.6
韩国	6.07	5.5	5.0
土耳其	5.37	4.1	4.4

资料来源：WTO

柬埔寨。根据 WTO数据显示，2017年柬埔寨货物出口额为110.11亿美元，进口总额为154.94亿美元，贸易逆差额为44.83亿美元。2017年柬埔寨纺织品服装出口额为73.73亿美元，2017年柬埔寨纺织品服装进口总额为47.34亿美元，贸易顺差额为26.39亿美元。纺织服装业也是柬埔寨重要的贸易顺差商品。

从出口的贡献率看（表3.33），2017年柬埔寨的服装出口额为71.93亿美元，占其货物出口总额的65.3%，是典型的出口导向型产业，主要依赖于出口。

第四节　新贸易格局下中国纺织工业保持国际竞争优势及建议

一、中国纺织工业国际竞争优势

1. 中国纺织品服装出口竞争力

中国纺织品出口实现较快增长，服装出口承压明显。自1994年以来，中国一直是全球最大的纺织品和服装出口国之一。图3.9显示，2008—2017年中国纺织品和服装出口额。十年间，中国服装出口额自2014年达到历史最高点1867.03亿美元后，2015—2017年出口规模有所下降。同期，纺织品出口较为平稳，自2013年超过1000亿美元，纺织品出口规模一直保持在1100亿美元左右。中国纺织业已成长为支撑世界纺织工业体系平稳运行的核心力量，持续为全球纤维时尚产业提供大量的优质供给。

中国仍保持全球第一大纺织品和服装出口国地位，但纺织品国际市场占有率已超过服装。从国际市场占有率看，图3.10显示，随着全球服装产业向新兴市场和发展中经济体的转移，一批新兴服装出口国的崛起，中国服装出口国际市场占有率呈下行走势，2017年为33.6%，与2009年持平。主要原因是以越南、孟加拉国等为代表的东南亚、南亚国家对中低附加值国际服装订单的争夺，对我服装行业出口造成较大冲击。同期，纺织品出口国际市场占有率已超过服装，2017年为36.6%，主要是出口导向型服装出口国对纺织品进口的增长，带动我国纺织品出口稳定发展。

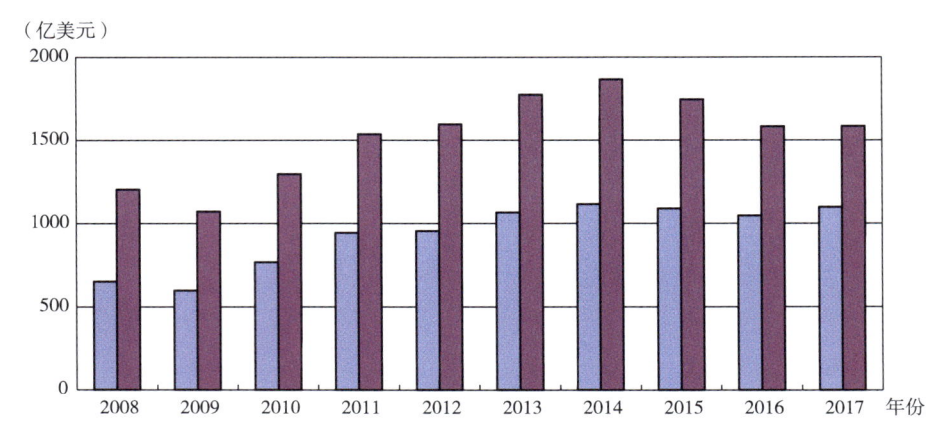

图3.9　2008—2017年中国纺织品和服装出口额
资料来源：WTO

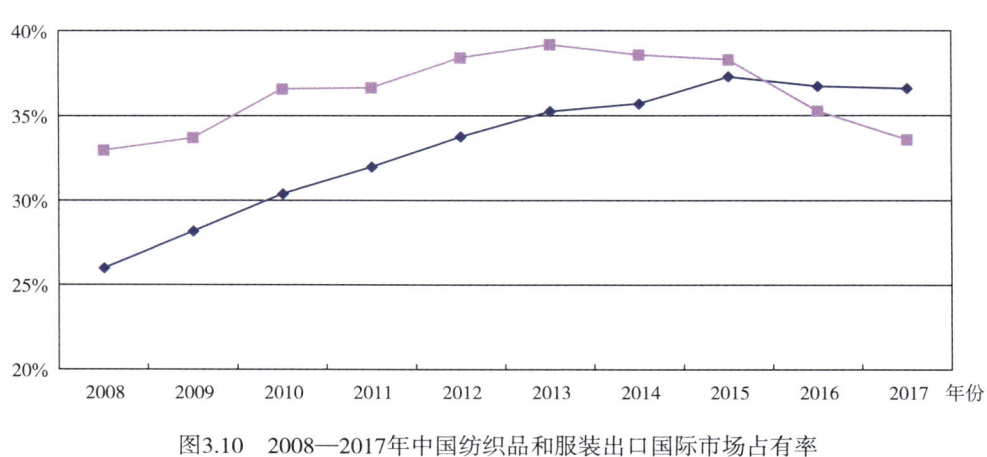

图3.10　2008—2017年中国纺织品和服装出口国际市场占有率
资料来源：WTO

2. 中国纺织服装业在国际分工中的地位

与发达经济体之间的分工具有双向性和互补性。我国对发达经济体以服装出口为主，纺织原料和纺织机械主要从发达经济体进口。

根据中国海关数据显示，2017年我国服装出口总额为1581.1亿美元，服装前十位出口市场均为发达经济体国家（表3.35），占我国服装出口总额的57.4%。其中，对美国服装出口额占总额的20.9%，对日本服装出口占10.1%。

表 3.35　2017 年我国服装主要出口市场

位次	国家	出口额（亿美元）	占比（%）
1	美国	323.0	20.9
2	日本	159.6	10.1
3	英国	84.7	5.4
4	俄罗斯	77.0	4.6
5	德国	61.1	3.9
6	韩国	54.1	3.4
7	法国	39.2	2.5

续表

位次	国家	出口额（亿美元）	占比（％）
8	西班牙	38.1	2.4%
9	澳大利亚	36.2	2.3%
10	荷兰	33.8	2.1%
	合计	906.8	57.4%

资料来源：中国海关

从纺织原料进口来源国看（表3.36），我国的棉花、羊毛、麻纤维原料，主要从澳大利亚、美国、印度、法国和奥地利进口，2017年我国纺织原料进口70.9亿美元，占到我国纺织原料进口总额的64.6%。

表 3.36　2017 年我国纺织原料进口市场

位次	国家	出口额（亿美元）	占比（％）
1	澳大利亚	25.3	35.7
2	美国	10.8	15.2
3	印度	3.6	4.4
4	法国	3.1	4.2
5	奥地利	3.0	4.0
	合计	45.8	64.6

资料来源：中国海关

从纺织机械进口来源国看（表3.37），2017年纺织机械进口额为35.0亿美元，从日本进口纺织机械占进口总额的30.3%，从德国进口占比达30%，从意大利进口占比为11.2%。

表 3.37　2017 年我国纺织机械进口市场

位次	国家及地区	进口额（亿美元）	占比（％）
1	日本	10.7	30.3
2	德国	10.5	30.0
3	意大利	3.9	11.2
4	比利时	1.7	4.9
5	中国台北	1.6	4.5
6	法国	1.3	3.8
7	瑞士	1.3	3.6
8	韩国	0.9	2.7
9	美国	0.6	1.6
10	印度	0.5	1.4
	合计	33.0	94.0

资料来源：中国海关

我国与东盟和南亚服装出口国之间呈垂直型分工。随着东盟国家和南亚国家服装加工业的快速增长，带动了我国纺织品对该市场的出口。

2017年我国纱线面料666.4亿美元，在前十位的出口市场占总额的47%，主要是东盟服装出口国和南亚服装出口国（表3.38），这些国家服装加工业的快速发展，对纱线面料的进口需求增加，带动我国纺织品出口增长。

表3.38　2017年我国纱线面料出口市场

位次	国家	出口额（亿美元）	占比（%）
1	越南	87.5	13.1
2	孟加拉国	51.5	7.7
3	菲律宾	31.9	4.8
4	印度尼西亚	26.1	3.9
5	柬埔寨	23.5	3.5
6	美国	23.5	3.5
7	巴基斯坦	19.0	3.5
8	印度	18.9	2.8
9	韩国	17.0	2.8
10	巴西	14.5	2.2
合计		313.4	47.0

资料来源：中国海关

其中，对越南出口占比达13.1%，对孟加拉国出口占比为7.7%，对菲律宾出口占4.8%，对印度尼西亚出口占3.9%，对柬埔寨出口占比为3.5%。

对外直接投资带动资本货物的出口，如纺织机械的出口的增长。

从对外投资角度看，随着中国纺织服装企业对外投资，带动了我国纺织机械资本货物的出口。2004年以来，我国纺织服装企业加快了走出去的步伐（图3.11），截至2015年底，我国有超过3500家纺织服装企业对外投资，其中，到东南亚占到70%，到南亚国家投资占10%。

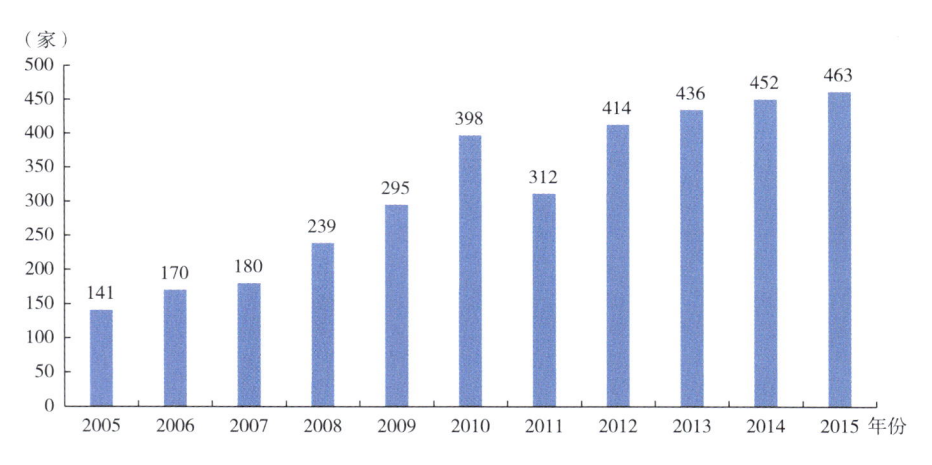

图3.11　我国纺织服装企业海外走出去
资料来源：中国纺织品进出口商会

我国纺织机械出口前十位市场显示（表3.39），2017年我国纺织机械出口额位347.8亿美元，对前十位出口国家占出口总额的68%，主要是南亚国家和东盟国家为主，其中对印度出口占总额的19.6%，对越南出口占11.1%，对孟加拉国出口占9.4%，对印度尼西亚出口占5.3%，近年来，这些国家积极投资纺织服装业，对资本货物需求大幅增加，特别是随着中国企业对外投资，带动了纺织机械出口增长。

表3.39 2017年我国纺织机械出口市场

位次	国家	出口额（亿美元）	占比（%）
1	印度	68.2	19.6
2	越南	38.7	11.1
3	孟加拉国	32.6	9.4
4	印度尼西亚	18.4	5.3
5	美国	17.6	5.1
6	巴基斯坦	17.6	5.1
7	日本	14.1	4.1
8	土耳其	10.9	3.1
9	德国	10.0	2.9
10	乌兹别克斯坦	8.4	2.4
	合计	236.5	68.0

资料来源：中国海关

二、保持国际竞争优势的建议

1. 在全球价值双环流体系中成为链接两端的重要枢纽

在双环流价值链体系中，中国纺织服装业将越来越成为链接发达经济体和新兴市场和发展中经济体的中间节点和枢纽。

在"一带一路"倡议下，国际分工的变化，导致全球纺织品服装贸易格局的改变，越来越变为以中国为中介的"双环流"体系，即全球价值双环流。一个环流位于中国与发达经济体之间（北美经济体和西欧经济体），另一个环流存在于中国与新兴经济体和发展中经济体之间。

图3.12显示，一方面，中国与发达经济体之间纺织品服装贸易以引进技术、设计合作、品牌收购，形成的技术贸易、直接投资以及向发达经济体出口服装成衣的货物流动的循环体系。

另一方面，中国新兴经济体和发展中经济体之间形成的以纺织品出口和纺织机械出口的贸易流动，以及以对外直接投资为载体的资本货物出口和资本流动的循环体系。

在这两个循环体系中，中国越来越成为连接发达经济体与亚非拉欠发达经济体之间的主要中间节点或枢纽点，而不是简单地将对外直接投资界定为产业转移和市场开拓，而是在全球纺织服装价值链体系中，寻求更有利地竞争地位，培育竞争新的优势。

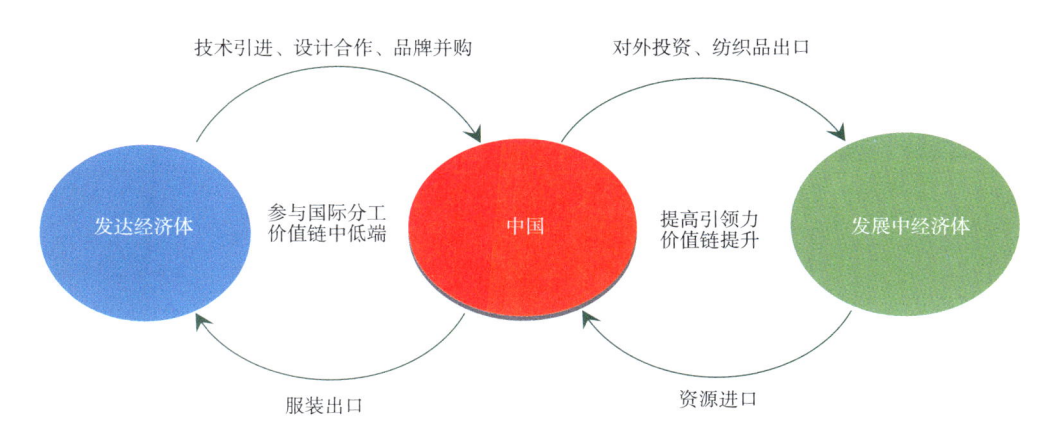

图3.12　全球价值双环流体系中的中国纺织服装业

2. 上游以技术创新和研发为主导占据价值链高附加值环节

借鉴发达经济体的经验，美国和欧洲五国，始终重视纺织领域的技术创新，如新纤维材料的研发，功能性纤维的开发。在服装设计环节，重视时尚潮流和品牌文化，引领全球时尚流行趋势，占据纺织服装价值链前端的面料和设计环节优势，而不是追求产业链每个的优势，只有占据价值链高附加值环节，才能拥有定价权和话语权，掌握核心竞争优势。

3. 掌握零售终端（零售渠道）

借鉴发达经济体的经验，美国和欧洲五国，无一例外，在下游环节，掌握零售终端的销售渠道，特别是全球市场开连锁店，将生产环节外包，在全球市场寻求低成本、高品质的供应商，控制成衣定价权，以轻资产模式，打造全球零售网络和线上渠道。

4. 品牌并购借船出海

借鉴发达经济体的经验，在美国和欧洲五国，有百年的时装品牌，通过品牌并购，实现借船出海的目的，学习国外品牌的成熟的运营管理经验，获得已有的零售渠道、快速进入国际市场。

第五节　小结

①产业竞争优势是一个动态和相对状态，而非静态，一成不变，中国纺织服装行业也是如此。在过去的40年间，中国纺织服装业竞争优势从低成本、巨大的消费市场、完整的产业链，正在转向技术创新、智能制造、对外投资、品牌收购等，需求新的竞争优势。

②自第一次工业革命以来，纺织服装业出现几次大规模的全球性产业转移，伴随着产业转移，为发达国家带来纺织服装产业升级的机遇。

过去的250年间，西方国家从来没有放弃纺织服装业，即全部转移出去或淘汰，而是以升级为目的的产业转移。西方发达国家以全球化视野，参与国际分工，将失去优势的环节转移出去，保留具有优势的设计环节、时尚流行趋势发布、品牌运营、零售终端、资本运营等环节，从而在全球价值链中掌握话语权。

③伴随着每一次新技术的出现，给纺织服装业注入新生产要素，改变原有的生产方式，新生产方式必然带来新生产力，大大提高劳动生产率。因此，面对技术更迭，转变理念，勇于挑战，不断创新，以保持行业的可持续发展，获得竞争优势。

第四章　中国纺织工业发展面临的新形势与新变化

当今世界正在经历新一轮大发展大变革大调整，各国经济社会发展联系日益密切，全球治理体系和国际秩序变革加速推进。同时，世界经济深刻调整，保护主义、单边主义抬头，经济全球化遭遇波折，多边主义和自由贸易体制受到冲击，不稳定不确定因素依然很多，风险挑战加剧。历史大势必将浩荡前行，无论从理论还是历史的角度来看，经济全球化的大势均不可逆转。研究当前世界经济发展的形势，准确预测世界经济发展的趋势，有利于中国纺织工业把握新机遇、迎接新挑战，加快调整发展战略，促进产业转型升级，构建新的竞争优势，实现从"纺织大国"到"纺织强国"的转变。

第一节　世界经济格局变化

一、全球化成为不可逆转的大势

经济全球化是世界各国由于资金、技术、商品及人员的广泛流动而相互开放、相互联系、相互依赖的一体化过程。经济全球化已经成为当今世界最重要的时代特征，其促进了生产要素的全球流动，加强了国际分工程度，提高了资源配置效率，推动了各国生产力的发展，是经济活动超越国界而形成的全球有机经济整体。经济全球化是发达国家与发展中国家经济合作的必然趋势，一方面，全球化促进了发达国家的经济结构调整和产业升级，通过向发展中国家转移劳动密集型产业和资本密集型产业，保留技术密集型产业以及知识含量较高的服务业，发达国家垄断全球生产中的关键环节或关键技术并不断推动国内经济结构的调整和产业升级。另一方面，经济全球化为发展中国家提供了发展机遇，发展中国家利用自身在资源、劳动力方面的优势吸引外来资金，建立起适合本国特点的产业体系，推动经济的发展。

全球化正在成为世界经济发展不可逆转的大势，从历史角度来看，经济全球化是社会生产力发展的客观要求和科技进步的必然结果。经济全球化为世界经济增长提供了强劲动力，促进了商品和资本流动、科技和文明进步、各国人民交往。中国纺织工业的发展受益于经济全球化，也始终坚持经济全球化，遵守WTO框架下的多边贸易机制，强化国际分工中的责任，继续为中国和世界人民的美好生活做出更大贡献。

1. 全球经济治理格局正在改变

2008年国际金融危机以来，全球经济治理机制在变化，国际经济力量对比更趋平衡，全球经济布局正面临深刻调整。一方面，面对世界经济发展新问题，全球治理体系未能反映新格局，代表性和包容性不够，贸易和投资规则未能跟上新形势，机制封闭化、规则碎片化的突出呈现，全球治理体系、贸易投资规则以及全球金融治理机制亟待变革。另一方面，在国际经济竞争格局不断演变的形势下，发达国家的主导作用在减弱，新兴经济体成为全球经济治理中的重要力量。发展中国家积极参与完善全球经济治理机制、塑造全球经济新秩序的新起点。

中国经济持续扮演世界经济增长"主引擎"角色，从贸易、市场、投资等渠道对世界经济提供有力支撑。据世界银行估测，2017年世界经济增速为3%左右，按此增速计算，2017年中国经济占世界经济的比重提高到了15.3%左右，对世界经济增长的贡献率为34%左右。国际货币基金组织的数据显示，中国连续25年居发展中国家吸引外资能力首位，随着"一带一路"倡议落实成效显著和亚洲基础设施投资银行的运营，中国对外投资规模和领域也将进一步拓宽，全球影响力逐步提升。中国纺织工业作为世界纺织工业发展的重要力量，在经济全球化进程中，有机会抓住全球化治理改革的机遇，提升在全球纺织工业发展中的话语权，"走出去"与"引进来"并举，进一步发挥在吸引投资、扩大消费方面的优势；也要担负起更多的责任，在科技创新、品牌建设、人才队伍、标准制定等领域发挥更大作用，做出更大贡献。

2. 世界经济贸易复杂程度在深化

（1）"逆全球化"思潮有所抬头

当前，世界经济增长缓慢，各种不确定因素加剧了经济复苏的难度和风险，加之地区冲突、收入差距进一步拉大等问题的不断出现，国际社会个别成员开始对全球化发展提出了质疑和反对，出现了"逆全球化"倾向。主要表现在以下两个方面。一方面，全球贸易和投资呈现出萎缩现象。世界银行的数据显示，2016年全球贸易增长率为2.5%，创国际金融危机以来新低；IMF对2018年世界经济发展增速预测为3.7%，10月发布的最新报告将2019年全球经济增速预测值从此前3.9%下调至3.7%，预示着全球贸易和投资的趋缓和低迷。

另一方面，贸易保护相关政策、法规正在欧洲、北美等发达经济体出台。在围绕国际国际贸易规则修订、货币体系改革、国际金融治理等实质性的全球经济治理问题上，新兴经济体与西方大国的态度形成鲜明对比，强调本国利益优先越来越成为发达国家外交政策的鲜明特征。随着近期中美等世界大国之间关于关税的贸易摩擦深化，世界银行2018年6月5日发布的《全球经济展望》报告指出，全球关税广泛上升将会给全球贸易带来重大负面影响，至2020年全球贸易额下降可达9%，会对世界经济的复苏造成影响。

中国纺织工业也面临着"逆全球化"思潮引起的国际贸易变化。充分利用好国内、国际两个市场，既要在当前中国"扩大内需"的经济形势下，满足城镇与农村消费升级的新需求；又要积极布局海外新市场，把握东南亚、非洲的新兴经济体市场红利。于产业自身而言，需要探索发展新动能，创新发展模式，提高缓冲阶段性冲击的能力。

（2）区域经济一体化创新发展

面对传统的以世界贸易组织（WTO）为核心的贸易投资自由化主导的多边贸易体制和全球化受到冲击，以自由贸易区、自贸协定、共同市场、货币联盟等形式的区域经济合作与一体化谈判进程加速，区域经济一体化成为新一轮全球化的一个重要特征。欧盟正在加快与英国协商解决脱欧议题，与此同时，以德法为核心积极推动更加统一的财政政策和贸易政策，加快向更高水平的经济一体化发展。英国继续加强与美国的贸易联系，与澳大利亚、加拿大、新西兰协商建立政治经济高度一体、劳动力自由流动、贸易投资便利的统一市场。东盟加快发展整合，继续发挥自身独特地缘优势，推动东亚"10+3"机制、区域全面经济伙伴关系深化发展，成为亚太贸易的重要推动力量。俄罗斯大力推动欧亚经济联盟一体化发展，维护在独联体地区的主导影响力，希望在欧亚贸易往来中发挥重要通道连接作用。日本牵头推动除美国之外11国签署新的"全面且先进的TPP协议"（CPTPP），希望主导美国、欧盟、中国之外第四个GDP超10万亿美元的巨型贸易区。印度在加快推动经济持续增长的同时，提出"季风计划"、参与"美日印澳"四方机制，希望成为印度洋乃至太平洋地区重要决定性力量，在全球事务中发挥着更大影响力。

区域经济一体化发展迅速，是世界各国在世界经济新形势下做出的自主选择，是在传统WTO经贸多边机制的基础上做出的适时选择与决策。中国也正在二十国集团（G20）、亚太经合组织、上海合作组织、金砖国家等机制框架中发挥着重要作用，中国纺织工业也面临区域经济一体化的新潮流，发掘区域合作基础，发挥产业互补优势，合理充分拓展产业国际布局，成为新的机遇。要充分抓住新兴经济体在人力、能源、土地等方面的成本优势，鼓励企业"走出去"；也要认识到中国纺织工业与发达经济体在技术研发、创意设计、资本运用等方面的差距，通过"引进来"，扩大产业开放程度，通过这两方面促进中国纺织工业在区域经济一体化中充分、均衡地发展。

3. 国际分工体系结构在调整

全球产业布局在不断调整，新的产业链、价值链、供应链日益形成，各国经济相互依赖、融合，使市场经济在世界范围得以整合。全球价值链的发展是结合了最优生产要素、新产业技术革命和最实国家发展政策的新图景。近年来，全球产业链正在发生结构性变化，突出表现为发达国家制造业"逆向回流"和发展中国家制造业"高端跃升"并存。发达国家实施"再工业化战略"，促进制造业回流。2008年国际金融危机爆发后，欧美等发达国家开始认识到强大的实体经济对于稳定经济和就业至关重要。面对自身制造业地位持续下降、工业品在全球市场上竞争力相对减弱的状况，它们纷纷提出再工业化战略，以重夺国际制造业竞争的主导权。

美国在近几年出台了《美国国家人工智能研发战略规划》《美国创新战略（2015版）》《振兴美国制造业和创新法案》《振兴美国先进制造业2.0版》等。重点发展国内先进制造、精准医疗、脑计划、先进汽车、智慧城市、清洁能源和节能技术、教育技术、太空探索、计算机新领域等9大战略领域，旨在加快美国制造业的技术创新及商业应用的步伐。

欧洲各国也在制定欧洲2020战略梗概，包括"创新联盟""欧洲数字议程""欧洲能源能效""全球化时代的产业政策""新技能和新就业"等计划。

德国发布的工业相关政策包括《数字化教育战略2030》《数字化战略2025》《德国工业4.0》《德国高技术战略2020》等，凭借传统制造强国的优势，在新一轮产业技术革命下创新发展。

日本扶持工业发展的政策措施包括《人工智能发展路线图》《EV·PHV路线图》《"新产业结构蓝图"中期方案》等，在国家层面建立了完整的研发促进机制。

在发达国家试图重振经济的同时，发展中国家和新兴经济体努力突破瓶颈，从"微笑曲线"的中部低利润环节向两端的高附加值环节跃升，逐步改变着全球价值链的国际格局。面临"前堵后追"的国际产业结构性调整，中国纺织工业加快培育比较优势是当务之急，包括核心技术、知名品牌、商业模式等。中国纺织工业改革开放40年取得了巨大发展，已经具备了巨大的市场需求、良好的产业服务和配套能力、较强的创新动力、良好的制度和政策优势；但在高端产品、高端装备等方面与发达国家还有一定的差距。找准产业定位，聚焦发展动能，突破创新瓶颈，才能在全球纺织产业链与价值链中树立中国纺织工业的新形象。

二、国际消费市场多元而快速的变化

据《纺织工业发展规划（2016—2020年）》分析，预计"十三五"期间全球纤维消费量年均增速为2.5%以上。中国纺织工业面临着国际消费市场的持续扩大，也要求中国纺织工业要深刻分析消费主体的变化，顺应消费文化的改变，紧跟流行趋势的方向，满足世界各国消费者对于纺织产品的需求升级。

1. 市场结构的变化

（1）全球消费市场新增长极凸显

国际市场正在向发展中国家转移，新兴国家潜力巨大。2017年全球快速消费品市场中，发展中市场，如非洲、拉丁美洲和亚洲仍保持了较高的增长（分别为8.8%，7.3%和4.3%）。而相比之下，西欧市场增长率为2.2%，全球快消品的最大市场美国增长率更是由于人口增长放缓、消费者减少购买、选择廉价的自有品牌来降低花费等原因仅获得了0.5%的增长。

（2）跨境消费蓬勃发展

全球跨境电子商务的快速发展使得跨境消费成为新的趋势。据中国国际电子商务中心研究院《2017年世界电子商务报告》显示，2015年全球跨境B2C电子商务总额为1890亿美元，约有3.8亿消费者在海外网站购物。预计2020年，全球跨境B2C电子商务突破1万亿美元。

（3）中国消费升级成为世界消费增长的关键力量

2018上半年，中国消费对经济增长的贡献率达到了78.5%，比去年同期提高了14.2个百分点；全国网上零售额的同比增速也超过了30%，北京、上海、广州、深圳等十个中国城市，已经进入全球100个国际消费中心城市的行列。

国际消费市场结构的变化反映了发展中国家消费水平在快速提升，新的消费增长极由传统的欧洲、美国、日本等发达国家向新兴经济体迁移，而且消费潜力巨大。这要求中国纺织工业认识到市场"多极化"发展的特征，积极开拓对外贸易，抓住跨境电商的新兴势头，主动并合理布局国际市场，满足不同发展阶段国家消费者的差异化需求。

2. 消费主体的变化

麦肯锡咨询公司于2017年发布的《城市世界：全球消费者观察》中提出了九大高消费人群，其中的三大人群——发达国家60岁以上人群、中国中等收入群体（15—59岁）及北美中产阶层（15—59岁）将占据50%的消费总额。而在中国高消费人群主要集中在北京、上海两大城市，东莞、汕头等非一线城市有望成为消费者聚集的后起之秀。《2017年环球消费品业高管层关注焦点调查》研究报告表明作为在互联网陪伴下成长的一代，"千禧一代"成为消费的主力军，电子商务、数字娱乐、共享经济是他们最青睐的品类。调研结果显示，26%的中国企业高层认为，年轻消费群体的崛起将在未来两年严重冲击现有公司业务。《2018年美国线上消费者行为报告》也显示，美国的80后、90后和00后已经成为网购的主力军，他们约占美国50%的人口。在购物偏好上，他们都有超过六成的人喜欢网购，每周平均网购时间分别都在5.5小时以上，并且每个月都会进行网购。年轻消费群体是在互联网时代的新社会环境下成长起来的，个性突出、标签明显是他们的特征；中等收入群体的消费升级表现在对产品品质与更新速度上；老年人的需求更加突出为功能性纺织服装产品方面。市场消费主体的变化，消费需求的升级促使中国纺织工业企业对不同消费群体加强定位研究，找准产品开发方向，缩短产品开发周期，提升产品承载的价值，更好地满足新时代消费群体的高层次要求。

3. 消费特征的变化

随着信息技术的发展，世界人民的消费特征正在发生变化。主要表现在三个方面。

（1）社交型消费

社交媒体上的明星、"网红"作为时尚的代表，在引领消费趋势、转化流量消费方面起到了重要的作用。科尔尼公司的《2018全球未来消费者研究》发现博主或视频博主对年轻消费者的影响力越来越大。品牌已经开始同时利用"微影响者"和"泛影响者"的组合建立竞争优势。例如，圣罗兰和阿迪达斯在影响者发掘、合作和合作关系评估等方面的计划取得了成功，并因此获得了大家的关注。

（2）及时型消费

基于移动支付技术的发展，消费变得愈加碎片化，随时随地随心而消费正在越来越便利。据中国国际电子商务中心研究院发布的《2017年世界电子商务报告》显示，2016年全球B2C电商支付规模为2.37万亿美元，其中电子钱包支付占30.4%，是全球第一大支付方式，2016年全球移动支付额达到6170亿美元，同比增长42%。

（3）体验型消费

伴随着购物渠道的多元化，消费者对于消费体验度要求越来越高，新一代信息技术的发展也使得购物体验更加丰富多彩，消费正在与包括文化、娱乐等多重要素交织在一起；打造产品与服务、环境、理念的消费生态；线上线下无缝链接的消费体系。

消费者购物习惯的变化使得零售环节更加便捷、快速和丰富，对纺织服装企业提出了更高的考验，要求中国纺织服装品牌深入了解消费者需要，明确产品定位，构建电商平台、自营网站、社交媒体等一系列相互配合的消费场景，形成流量互动、内容互补、体验互融的局面。利用大数据技术及时收集、分析消费者习惯，加强快速反应能力，持续满足消费者的多元需求。

三、数字经济正在加速世界经济的全球化

当今世界，以大数据、云计算、人工智能、物联网、区块链等为代表的新一代科技革命席卷全球，并在经济社会领域得到迅速、广泛的渗透应用，催生出以数字经济为代表的新一轮产业变革。以互联网为代表的数字技术正在加速与经济、社会各领域的深度融合，数字经济已经成为引领经济、社会发展的先导力量，是推动各国经济、社会转型，培育经济新动能、构筑竞争新优势的重要抓手。联合国贸易与发展组织在《2017全球投资报告——投资和数字经济》中指出，数字经济是全球投资增长和发展的主要动力，它可以提升所有行业的竞争力，为商业和创业活动提供新机会，帮助企业进入海外市场和参与全球电子价值链，也为解决可持续发展问题提供了新的工具。

1. 全球数字经济蓬勃发展

全球各个国家和地区的核心竞争力构成要素呈现数字化发展趋势，传统产业纷纷面向数字化、网络化、智能化转型升级，互联网、大数据、人工智能与实体经济的融合日益广泛深入。全球数字经济规模持续扩张，占GDP比重快速提升，正成为全球竞争新制高点。从世界上来看，2016年，全球数字经济蓬勃发展，数字经济增速显著超越同期的GDP增速，这也导致数字经济占GDP的比重进一步提高。美国数字经济规模依然排世界第一，达到11万亿美元，占GDP的比重高达59.2%；中国排第二，数字经济规模达到3.8万亿美元，占GDP的比重为30.1%；第三名为日本，数字经济规模为2.3万亿美元，占GDP的比重为45.9%；第四名为英国，数字经济规模为1.43万亿美元，占GDP的比重为54.5%。中国的数字经济规模虽然已经位居世界第二，但是占GDP的比重仍然低于发达国家，这表明中国的数字经济发展程度仍然不足，正如麦肯锡全球研究院发布的《中国的数字经济：全球领先力量》指出中国是世界上几个最活跃的数字投资和创业生态系统之一，并认为中国数字市场的上行潜力比许多观察者预期的要大得多。

《2017年全球数字经济发展报告》研究了全球数字经济竞争力50强国家，通过对排名前10位的国家在数字基础设施竞争力、数字创新竞争力、数字产业竞争力三个维度的对比发现（图4.1），在数字基础设施方面，美国领先于其他国家较高，中国位居第三；在数字创新方面，芬兰、新加坡、日本具有较强的竞争力；在数字产业方面，美国、中国比其他国家具有较强的竞争力，领先较多。可见，中国数字产业运用层面发展较快，但在数字基础设施建设、数字创新两方面还有待提升。

2. 数字经济与实体经济深度交融

全球经济仍处于复苏阶段，以先进制造业为代表的实体经济将继续作为主要增长点，在与数字经济的深度融合中不断焕发新的动力。各主要国家和地区普遍将运用互联网、大数据、人工智能等新一代信息技术赋能先进制造业作为重要举措，积极推进从生产要素到创新体系，从业态结构到组织形态，从发展理念到商业模式的全方位变革突破，持续催生个性化定制、智能化生产、网络化协同、服务型制造等新模式、新业态，推动形成数字与实体深度交融、物质与信息耦合驱动的新型发展模式，大幅提升全要素生产率，有效推动全球经济增

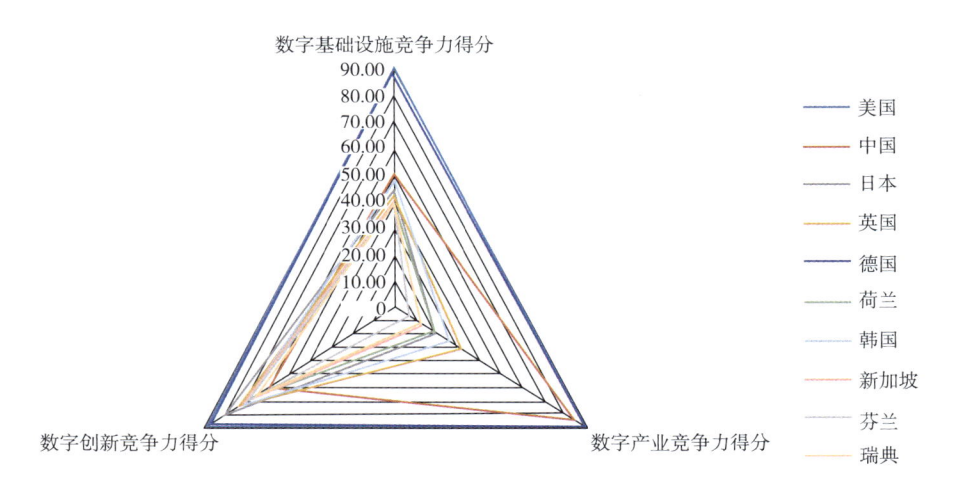

图4.1 数字经济竞争力分析图

长的质量变革、效率变革、动力变革。

实体经济与数字经济融合发展催生出的智能制造是制造业未来发展的重要模式，其将深刻影响设计、研发、制造、物流、营销、再循环利用等各产品生命周期的各个环节，也将会为中国纺织工业正在面临的招工问题、环境污染问题带来智能解决之道。数字经济要求中国纺织工业积极发展智能制造，在关键共性技术、智能化装备、智能工厂（车间）、大规模个性化定制、智能纺织品等方面的研发投入，探索数字经济与制造业融合创造的新动能。

四、全球营商环境的改革促进商业便利化

1. 全球营商环境持续向好

2019年世界银行发布的《营商环境报告》收集了影响企业生命周期的11个领域的监管指标，分别是开办企业、办理施工许可证、获得电力、登记财产、获得信贷、保护少数投资者、纳税、跨境贸易、执行合同、办理破产和劳动力市场监管，通过对其进行客观分析，结果显示世界范围内的128个经济体在近一年采取了实质性的监管改革，使得商业活动在《营商环境报告》衡量的领域内更加便利。改善最显著的经济体包括中国、印度、肯尼亚等发展中国家与新兴经济体。排名前20经济体中有12个来自经合组织高收入国家，4个来自东亚和太平洋，2个来自欧洲和中亚，撒哈拉以南非洲、中东和北非各1个。

纺织工业是国际合作程度较高的行业之一，改革开放40年中国纺织工业的发展历程就是一部中国纺织工业与世界纺织工业交融越来越密切的过程。面对当前国内的人力、土地、能源、原材料等生产成本的逐渐上升，产业国际转移已经成为企业国际化发展的重要方式；与此同时，"一带一路"倡议等的顺利实施，也为中国纺织工业走出去提供了政策上的引导与保障。辨析产业转移地区的营商环境，确定中国纺织工业转移与发展路径是中国纺织工业发展的内在需求。

2. 国际知识产权规则在强化

知识产权保护规则的强化对于营商环境的改善具有重要的影响，知识产权规则是跨国企业进行全球化生产布局和全球价值链的重要保障。另外，新一轮科技革命和产业变革与我国

加快转变经济发展方式形成交汇，创新驱动发展战略、制造强国战略等国家重大战略实施均将知识产权作为重点任务内容，在这种形势下，全球知识产权领域最新动向、发展趋势尤其值得跟踪关注。在WTO、WIPO两大多边体系下的知识产权新议题不断出现，并呈现出以下新趋势。

一是，创新对知识产权保护的需求更加迫切。在全球范围提升知识产权保护水平，对于刺激全球生产要素更快速、更有效地在全世界范围内流动、聚集、创造价值，对于建立良好创新生态系统不可或缺。

二是，知识产权制度功能"失衡"现象不容忽视。知识产权重要性日益显现的同时，伴随着知识产权滥用多发，知识产权保护创新与维护市场公平竞争功能的天平出现失衡。

三是，新的国际知识产权规则更多地在双边、多边和区域层面展开。发达国家绕开WTO、WIPO等多边组织，选择利益诉求相同的国家开展双边、多边谈判，或利用区域自由贸易协定（FTA），如TTIP的谈判，把更高标准的知识产权新规则嵌入其中，为最终形成全球的知识产权新规则做准备。

面对世界知识产权保护的新趋势，中国也在大幅放宽市场准入，加强知识产权保护，主动扩大进口。世界对于知识产权的保护与运用说明了各国在技术创新方面的竞争越来越激烈，随着中国纺织工业发展结构的持续优化，高科技含量的纺织品在纺织服装产品中的占比持续提升，这要求中国纺织工业一方面要不断加强创新研发与设计，积极申请知识产权，合法保障企业的核心竞争力；另一方面，必须深入研究国际知识产权的法律法规，在国际合作与竞争中遵守国际知识产权法律，也需要保障企业的海外发展的合法权益。

五、可持续发展成为全球发展新理念

可持续发展是当今全人类在应对全球性的经济、社会以及环境多重问题下所提出的发展战略。当前，全球可持续发展站在新的重要关口，联合国于2015年成功地达成了可持续发展目标（SDGs）的全球性共识，反映了世界各国和社会各界的广泛意见与愿景，加深了各国对人类社会是一个相互依存的人类命运共同体的认识。联合国可持续发展目标明确了2030年全球对于可持续发展的愿景和优先事项，致力于动员全球的力量来实现一系列共同目标，覆盖了经济、社会以及环境等方面。其中，清洁能源、可持续经济增长、可持续工业化、负责任消费与生产等议题都与世界经济的发展走向有着密切的关系。当前，可持续发展在社会责任、气候变化、绿色金融三个方面呈现出较快的发展。

1. 企业社会责任持续深化

当前，社会责任已经成为全球企业发展中重要的战略决策之一。全球大企业发布社会责任报告的占比越来越多，企业社会责任标准、规范和指南正在系统性地在企业内执行，企业社会责任实践程度变深，范围变广；社会责任议题不断在演变，由员工、环境、消费者等问题延伸到可持续发展等更大的议题；政府也正在成为推动社会责任建设的重要力量；推动企业社会责任的力量多元化，履责主体多样化。随着全球企业社会责任意识与行动的加强，中国纺织工业要与时俱进，强化议题的深度，拓宽责任的广度，一方面在中国纺织服装企业社会责任管理体系CSC9000T的"以人为本、环境保护、公平竞争"三个原则的指导下,积极落实化学品足迹、碳足迹、水足迹等在行业内的执行,保障国内企业的可持续发展;另一方面,支持企业在"一带一路"倡议等支持企业"走出去"发展政策的指引下,以更加开放、透明、责任的态度参与到国际企业社会责任体系的构建中。

2. 应对全球气候变化的举措加快出台

世界经济论坛发布的《2018年全球风险报告》称可能性最高的十大风险中与气候变化相关的有四项:极端天气事件、自然灾害、气候变化减缓与应对措施失败、人为环境灾害。越来越多的公共部门机构也认识到,一些环境因素可能对世界经济体系的稳定性产生影响。2015年12月,近200个缔约方在巴黎气候变化大会上达成《巴黎协定》,这是继《京都议定书》后第二份有法律约束力的气候协议,为2020年后全球应对气候变化行动做出了安排,充分体现了联合国框架下各方的诉求,体现了"共同但有区别"的责任原则,是世界各国在发展理念方面的重要、协调的进步。

纺织工业发展在承担气候变化责任方面的作为主要体现在节能与减排,通过技术创新、利用清洁能源、改进设备工艺、加强化学品管理等,来促进世界纺织工业在环境友好发展方面的进步,发挥中国纺织工业的负责任的形象。

3. 绿色金融取得显著进展

绿色金融是为支持环境改善、应对气候变化和资源节约高效利用的经济活动,即对环保、节能、清洁能源、绿色交通、绿色建筑等领域的项目投融资、项目运营、风险管理等所提供的金融服务。构建绿色金融体系,不仅有助于加快我国经济向绿色化转型,支持生态文明建设,也有利于促进环保、新能源、节能等领域的技术进步,加快培育新的经济增长点,提升经济增长潜力。

2017年,绿色金融在全球继续呈现快速发展的势头。在国际组织力量的推动下,诸如G20国家在许多领域已经取得了显著进展,案例包括发布国家级可持续发展和绿色金融路线图、强化金融机构能力建设和知识共享、发展本地绿色债券市场和推动跨境绿色债券资本流动等。通过政府间平台和各种合作倡议,G20成员内部和G20国家之间还开展许多绿色金融国际合作。2017年12月,由法国、英国、德国、荷兰、瑞典、新加坡、墨西哥和中国等8个国家的央行和金融监管机构在法国巴黎联合成立了"央行与监管机构绿色金融合作网络"。

中国纺织工业企业要加强运用绿色金融的能力,积极探索传统绿色金融在传统行业转型升级进程中发挥的重要作用,加强在技术改造、研发能力提升、循环经济发展等方面的信贷支持,提高技术水平和节能减排力度,促进产业向更加绿色、更加可持续方向发展。

4. 世界纺织服装行业企业可持续发展探索

在可持续发展理念与目标的引领下,国际纺织服装供应链层面表现出了积极的响应。全球纺织服装供应链上的品牌商、零售商与制造商有一些已经在采取行动。主要包括资源的有效利用、供应链的透明度提升和管理体系的建设。阿迪达斯与海洋环保组织Parley for the Oceans合作,将极度危害海洋生物的非法渔网与海洋塑料垃圾回收再利用成为运动鞋面的原材料;优衣库(Uniqlo)于2017年2月底公布了146家优衣库品牌供应商的名字和地址,还计划于2018年底公布优衣库副线品牌GU的供应商名单;奢侈品公司开云集团(Kering)提出了环境损益表（EP&L）的理念，用来测量整个供应链上的商业环境影响，以便从商业成本的角度来考虑环境影响，将可持续发展置于商业决策的核心。可见，世界纺织服装供应链上一些品牌商、零售商与制造商已经在各自领域开展了社会责任与可持续发展的先锋行动，为纺织服装行业的可持续发展探索了可行性，树立了创新的典范。

中国纺织工业要继续强化可持续发展的理念与行动，将其融入企业的产品开发、管理运营、品牌塑造、企业文化中，从产品全生命周期的视角，将可持续发展贯穿于产业链上下游；加强企业对绿色金融的运用能力，加强共同应对全球气候变化的责任意识，探索中国纺织工业的可持续发展道路。

可持续发展是企业履行社会责任、探索绿色制造的集中体现，也是在当前资源短缺、气候变化、成本上升等形势下的现实选择。可持续发展正在影响着世界人民的消费与生活方式，人们更加注重产品的原料来源、加工过程、循环回收等环节是否符合可持续发展，这就为纺织服装行业的发展带来了新的机遇与挑战，绿色、环保类产品越来越得到市场的青睐，节能环保技术的需求越来越高，资本对于绿色制造的支持力度越来越大。因此，中国纺织工业需要加大绿色技术的研发与绿色资本的应用，加速中国纺织工业的可持续发展步伐。

六、小结

虽然贸易保护主义给经济全球化带来严峻挑战，但自由贸易和经济全球化依然是人类社会发展不可逆转的大势。自由贸易和经济全球化既是全球范围生产力高度发展的必然结果，也是当今时代各国经济发展的必由之路。在此形势下，世界纺织工业的新版图也在重新绘制，面对发达国家与发展中国家制造业的"双重挤压"，面对发达经济体与新兴市场的消费市场多极变化，面对新一轮科技革命与产业的深度融合，面对世界各国与各企业共同面对的可持续发展议题，中国纺织工业要加强自主创新，锻造核心优势，合理国际布局，坚持责任发展，牢固树立"科技、时尚、绿色"的产业新标签，也要以更加"开放"的姿态与世界新一轮全球化并肩前行，以产业之力推动人类命运共同体的建设。

第二节 国内宏观环境

一、政策环境

政治稳定是一切发展的根本前提。改革开放40年以来，中国经济社会能够实现快速发展，取得举世瞩目的成就，最为重要的一点是政治环境稳定。这也是行业企业能够持续健康发展的最为基本的客观条件之一。

新时代的显著特征之一就是坚持改革开放。十八大以来，我们高举改革开放的旗帜，以前所未有的力度推进全面深化改革，做出顶层设计，在经济、政治、文化、社会、生态文明建设等领域一共推出1600多项改革方案，其中许多是事关全局、前所未有的重大改革，如市场体制改革、宏观调控体制改革、财税体制改革、金融体制改革、国有企业改革、司法体制改革、教育体制改革、生态文明建设体制改革、党和国家机构改革、监察体制改革、国防和军队改革等。

从历史的角度来看，在经济发展的过程中，国家的发展战略、大政方针所起的作用具有根本性作用。2012年以来，党中央、国务院先后发布了《创新驱动战略》《中国制造2025》《国民经济和社会发展第十三个五年规划纲要》以及提出"一带一路"倡议等事关国家全局长远发展的重大战略、引导经济发展的重大政策，推动中国经济社会实现稳步发展。

作为国民经济的支柱产业，国家战略规划和政策的出台为中国纺织工业发展提供良好的外部发展环境，也是中国纺织工业发展的政策机遇。

1. 扩大开放，战略布局拓展发展空间

开放已经成为当代中国的鲜明标识。40年改革开放历程已经证明，只有坚持开放合作才能获得更多发展机遇和更大发展空间。党和国家领导人指出，过去40年中国经济发展是在开放条件下取得的，未来中国经济实现高质量发展也必须在更加开放的条件下进行。

为进一步扩大开放，推动中国经济实现高质量发展，2012年以来，国家相关战略、政策、举措不断出台、落地、见效。为制造业发展带来开放机遇、开放红利。特别是"一带一路"倡议的提出与实施。2015年3月，国家发展改革委、外交部、商务部联合发布《推动共建丝绸之路经济带和21世纪海上丝绸之路的愿景与行动》。以此为标志，"一带一路"倡议实现由理念到蓝图的转变，并进入全面落实阶段。中国纺织工业的国际化发展脚步紧随国家开放发展步伐，"一带一路"建设的落地，为纺织工业国际化发展带来重大战略机遇。

为加快推进"一带一路"建设，2015年5月党中央和国务院先后出台了两份高度相关的指导性文件，分别是《中共中央国务院关于构建开放型经济新体制的若干意见》和《国务院关于推进国际产能和装备制造合作的指导意见》，明确鼓励纺织等具有优势的产业"走出去"，推进管理体制进行改革，不断提高对外投资的便利性。中国纺织工业与"一带一路"沿线国家的产业互补性强，是国际布局的先行者和受益者。推进"一带一路"建设相关政策的出台，对行业的生产力跨国布局及优质资源全球配置有积极的推动作用。

在推进国际产能合作方面，《关于推进国际产能和装备制造合作的指导意见》指出，轻纺行业是中国国际产能和装备制造合作的重点行业，要充分发挥国际竞争优势，不断提升国际合作水平，推动国际合作与国内产业转型升级良性互动。意见鼓励轻纺行业在有条件的国家，依托当地农产品、畜牧业资源建立加工厂，在劳动力资源丰富、生产成本低、靠近目标市场的国家投资建设棉纺、化纤、家电、食品加工等项目，带动相关行业装备出口。意见还鼓励轻纺行业在境外条件较好的工业园区，形成上下游配套、集群式发展的轻纺产品加工基地。

在提高境外投资便利性方面，自2013年以来，中国政府采取了一系列推进境外投资便利化的政策和措施，不断完善"走出去"公共服务平台，积极构建对外投资合作机制，不断激发企业对外投资活力。另外，中国政府加快完善对外投资风险防范体系，引导和规范企业对外投资方向，加强事前、事中、事后全过程监管，积极应对跨国投资面临的政治、安全、经济、金融和社会等风险，这对企业对外投资持续健康发展具有重要作用。

2. 强化创新，政策推动新旧动能加快转换

创新始终是一个国家、一个民族发展的重要力量，也始终是推动人类社会进步的重要力量。创新是引领发展的第一动力。抓创新就是抓发展，谋创新就是谋未来。2012年以来，中国把创新摆在国家发展全局的核心位置，高度重视科技创新，并针对推动创新发展、完善创新环境、加强创新保护等方面出台了一系列重要政策文件，对激发社会创造创新活力，加快新旧动能转换，推动制造业转型升级，发挥了重要作用。

国家战略推动制造业创新发展。中共中央、国务院印发的《国家创新驱动发展战略纲要》鼓励主要产业进入全球价值链中高端，不断创造新技术和新产品、新模式和新业态、新需求和新市场。该纲要还提出，发展智能绿色制造技术，推动制造业向价值链高端攀升，重塑制造业的技术体系、生产模式、产业形态和价值链，推动制造业由大到强转变。制造业要积极发展智能制造装备等技术，加快网络化制造技术等在制造业中的深度应用，推动制造业向自动化、智能化、服务化转变。该纲要还鼓励对传统制造业全面进行绿色改造，由粗放型制造向集约型制造转变。

科技成果的转化通道更加畅通。《促进科技成果转化法（2015年修订）》《实施〈促进科技成果转化法〉若干规定》《促进科技成果转移转化行动方案》形成了从修订法律条款、制定配套细则到部署具体任务的科技成果转移转化工作"三部曲"。其中，《促进科技成果转化法（2015年修订）》重点完善了改革科技成果处置、收益管理制度，加大对科技人员的激励力度，加强科技成果信息发布，加强科技计划项目成果转化、强化企业在科技成果转化中的主体作用，创造良好的科技成果转化服务环境等内容。一是特别强调，要充分发挥市场在科技成果转化中的作用，强化企业在科技成果转化中的主体作用。新法规定国家鼓励企业与研究开发机构、高校及其他组织采取联合建立研究开发平台、技术转移机构或者技术创新联盟等产学研合作方式，共同开展研究开发、成果应用与推广、标准研究与制定等活动。二是健全和完善了科研人员和转化人员的职务科技成果奖酬制度。一方面，加大了对成果完成人和转化工作做出重要贡献人员的激励力度，法定奖酬比例由20%提升到50%。另一方面，法律明确奖励义务的同时，也充分尊重企事业单位的自主权，即奖酬标准和数额可事先约定，并且约定优先。三是完善了科技成果处置、收益和分配有关的制度。明确规定国家设立的研究开发机构、高等院校对其持有的科技成果，可以自主转让、许可或者作价投资。

知识产权保护的覆盖范围更广、保护力度加大。《关于新形势下加快知识产权强国建设的若干意见》，明确了五条重要举措，包括推进知识产权管理体制机制改革，实行严格的知识产权保护，促进知识产权创造运用，加强重点产业知识产权海外布局和风险防控，提升知识产权对外合作水平等。意见明确，完善知识产权管理体制，推动专利许可制度改革，实现知识产权在线登记、电子申请和无纸化审批，加快建设世界一流的专利审查机构。意见提出，加大知识产权侵权行为惩治力度，完善行政执法和司法保护两条途径优势互补、有机衔接的知识产权保护模式，将故意侵犯知识产权纳入企业和个人信用记录，构建公平竞争、公平监管的创新创业和营商环境。意见明确，加强新业态新领域创新成果的知识产权保护。如互联网、电子商务、大数据等领域。

创新政策体系的完善，既有利于释放现存的纺织科技成果存量，促进成果加快转化为现

实生产力；也有利于激发纺织科研人员以及纺织企业的创新创造活力，促进纺织科技成果总量不断增长；同时创新环境的形成、科技成果正向循环机制的完善、知识产权保护体系的建立，有利于形成持续不断的科技动能，推动中国纺织工业实现高质量发展。

3. 保护环境，制度创新促进转型发展

中国要发展，要实现现代化，必须走生态文明发展之路。保护生态环境就是保护生产力，改善生态环境就是发展生产力。2012年以来，中国加快环境管理基本制度改革，健全环境保护法治环境，完善环境治理手段，环境保护力度不断加大，不断推进生态文明建设。

排污许可制度的建立，是中国环境保护基础性制度的重大改革，对制造业的发展影响深远。一是排污许可制度基本建立，已在全国推行。《生态文明体制改革总体方案》第三十五条提出"完善污染物排放许可制"，要求"尽快在全国范围建立统一公平、覆盖所有固定污染源的企业排放许可制"。《环境保护法（2014年修订）》明确了排污许可管理制度，并在全国范围推行。二是排污许可证成为企业环境守法、政府环境执法、社会监督护法的根本依据。《生态文明体制改革总体方案》要求依法核发排污许可证，排污者必须持证排污，禁止无证排污或不按许可证规定排污。《环境保护法（2014年修订）》进一步落实了企业环保主体责任，明确要求企业要持证排污、按证排污，不得无证排污。三是建立"一证式"管理制度，实现全过程管控。《控制污染物排放许可制实施方案》提出，到2020年完成覆盖所有固定污染源的排污许可证核发工作，基本建立法律体系完备、技术体系科学、管理体系高效的控制污染物排放许可制，对固定污染源实施全过程和多污染物协同控制，实现系统化、科学化、法治化、精细化、信息化的"一证式"管理。有机衔接环境影响评价制度，实现从污染预防到污染治理和排放控制的全过程监管。

环境治理市场机制的建立，倒逼制造业加速"绿色转型升级"。一是排污权有偿使用和交易的制度体系已基本建立，实现排污权从"无偿获取"向"有偿使用"，推动企业从被动治污转向主动治污。当前，《关于进一步推进排污权有偿使用和交易试点工作的指导意见》提出的排污权试点工作目前已完成，试点地区排污权有偿使用和交易制度基本建立。二是环境保护税收制度落地实施。《中华人民共和国环境保护税法》的实施，实现环保成本由费改税，结束了排污收费制度，建立了税收制度，进一步强化了环境保护制度建设；环境保护税遵循"多排多征、少排少征、不排不征"的原则，建立了正向减排激励机制和动态税额调整机制，鼓励企业积极采取技术革新、清洁生产、规范处置、综合利用等治污减排措施。排污权有偿使用和交易的制度体系的建立完善、排污许可管理制度在全国推行以及环保税法的实施，共同推动建立环境治理市场机制，实现环保要素正式全面纳入生产体系，将有力推动制造业加快产业结构调整、转变发展方式，促进企业提升治污水平、加快绿色转型发展。

健全的环保法律体系为环境保护提供强有力的法治保障。《环境保护法（2014年修订）》以及相关配套法规针对环保违法的处罚举措更多、力度加大，企业违法成本大幅提高。在行政责任方面，行政处罚不设上限，增加了按日连续处罚、查封扣押、移送拘留等处罚手段。在刑事责任方面，配合"两高"制修订"环境污染犯罪司法解释"，环境污染犯罪打击力度进一步加大。在民事责任方面，增加了环境侵权责任和社会组织依法提起公益诉讼的规定。

环境保护的管理制度、法治环境、治理手段的建立健全，对中国纺织工业的发展而言，是压力更是机遇。中国纺织工业面临环保压力日益加大的同时，加快转型升级、实现绿色发展的需求则愈加迫切。

4. 促进消费，政策发力供需两端

促进消费品工业升级，是推进结构性改革尤其是供给侧结构性改革的重要举措。近年来，为推动消费领域的供给侧结构性改革，增加有效供给，以满足人民的合理消费需求，国家政策层面频频发力，引导消费品工业在产品或服务的品种、品质、品牌上狠下功夫，以期抓住国内消费升级这一重大机遇期，实现转型升级。

一是"三品"战略落地实施，推动消费品工业加快提质升级。《关于开展消费品工业"三品"专项行动营造良好市场环境的若干意见》提出，实施"三品"战略。一是要更好地适应消费者需求，增加多样化的消费品种；二是要提升产品品质可靠性等重要指标；三是要提高品牌影响力，提高品牌在消费者心中的认知度。这在包括纺织服装在内的消费品领域，既有供给创造需求的问题，也有供给满足需求的问题。《关于发挥品牌引领作用推动供需结构升级的意见》是推进供给侧结构性改革的重要举措，是培育经济发展新动能的重要途径。该意见围绕主要任务，按照可操作、可实施、可落地的原则，提出了三项重大工程：品牌基础建设工程、供给结构升级工程和需求结构升级工程。其中，供给结构升级工程以增品种、提品质、创品牌为主要内容，从一、二、三产业着手，通过丰富产品和服务品种、增加优质农产品供给、推出一批制造业精品、提高生活服务品质等举措，推动供给结构升级。

二是提升绿色供给能力成为消费品工业转型发展的主趋势。《关于加快推动生活方式绿色化的实施意见》《关于促进绿色消费的指导意见》《工业绿色发展规划（2016—2020年）》等文件，对强化绿色健康消费理念、倡导绿色生活方式、促进绿色产品供给和消费发挥了重要作用。其中，《工业绿色发展规划（2016—2020年）》提出，"十三五"要紧紧围绕资源能源利用效率和清洁生产水平提升，以传统工业绿色化改造为重点，以绿色科技创新为支撑，以法规标准制度建设为保障，加快构建绿色制造体系，大力发展绿色制造产业，推动绿色产品、绿色工厂、绿色园区和绿色供应链全面发展，建立健全工业绿色发展长效机制，提高绿色国际竞争力，走高效、清洁、低碳、循环的绿色发展道路，推动工业文明与生态文明和谐共融，实现人与人自然和谐发展。

三是消费市场环境不断完善，拓展消费品工业发展空间。《关于完善促进消费体制机制进一步激发居民消费潜力的若干意见》（以下简称《意见》），着眼于加快破解制约居民消费最直接、最突出、最迫切的体制机制障碍，从监管体制、质量和标准体系、信用体系和消费者权益保护机制以及消费政策体系等方面做出全面部署。《关于印发完善促进消费体制机制实施方案（2018—2020年）》（以下简称《方案》）则是对《意见》的进一步落实。《方案》针对完善消费体制机制提出了未来三年实施的六项重点任务，目的是让居民能消费、愿消费、敢消费。消费市场环境的进一步健全，消费环境的进一步完善，对增强居民消费意愿、消费信心、消费能力，激发居民消费潜力，释放潜在消费需求，进而形成更大的消费市场空间，具有巨大的正向推动作用。

纺织服装品作为消费品工业的主要品类之一，消费领域相关政策的出台，对中国纺织工

业的产品供给提出了更高的要求，也将倒逼纺织工业通过加快提质升级、转型发展，进而实现产品供给与市场消费需求同步，产业与时代发展同步。

二、经济环境

1. 中国经济稳步迈向高质量发展

新常态是中国经济发展的大逻辑。"十三五"时期，中国经济发展的显著特征就是进入新常态。从发展规律看，经济发展进入新常态阶段，是中国经济经历较长时期以规模扩张为特征的高速增长阶段之后，将要进入一个形态更高级、分工更复杂、结构更合理的发展阶段，是中国经济内部结构全面调整、重塑、升级和再造的必经的历史过程。从发展特征看，新常态下，中国经济发展将呈现出诸多与以往不同的阶段性特征，经济增长速度要从高速转向中高速，经济发展方式要从规模速度型转向质量效率型集约增长，经济结构调整要从增量扩能为主转向调整存量、做优增量并举，发展动力要从主要依靠资源和低成本劳动力等要素投入转向创新驱动。认识新常态、把握新常态、引领新常态是当前和今后一个时期中国经济发展的大逻辑。

高质量是中国经济发展的大方向。以十九大召开为标志，中国特色社会主义进入了新时代，中国经济发展也进入了新时代，基本特征就是中国经济已由高速增长阶段转向高质量发展阶段。这是党中央对新时代中国经济历史方位和基本特征做出的重大判断。高质量发展，就是能够很好满足人民日益增长的美好生活需要的发展，是体现新发展理念的发展，是创新成为第一动力、协调成为内生特点、绿色成为普遍形态、开放成为必由之路、共享成为根本目的的发展。坚定走高质量发展之路，是中国经济在40年高速增长之后突破结构性矛盾和资源环境瓶颈，实现更高质量、更有效率、更加公平、更可持续发展的必然选择，是中国实现社会主义现代化的必由之路。

中国经济具备实现高质量发展的坚实基础。在2018首届中国国际进口博览会开幕式上，党和国家领导人指出，中国经济发展健康稳定的基本面没有改变，支撑高质量发展的生产要素条件没有改变，长期稳中向好的总体势头没有改变。中国宏观调控能力不断增强，全面深化改革不断释放发展动力。中国具有保持经济长期健康稳定发展的诸多有利条件。

——市场空间广阔。中国有近1亿人口，中等收入群体数以亿计并日益扩大，农村贫困人口逐年减少，城镇常住人口每年增加上千万，居民收入稳步增加，消费日益多样化，是世界上最具增长潜力的新兴市场。随着人民生活水平不断迈上新台阶，消费升级蕴含巨大的市场需求，将促进旅游、文化、健康、养老等消费领域快速发展。从中国居民消费水平和质量看，与发达国家相比，中国人均耐用消费品和公共服务水平提升的潜力尤其巨大。

——回旋余地较大。从发展空间来看，农村和中西部地区后发优势明显。2017年中部、西部地区人均生产总值不到东部地区人均水平的60%；西部省份和贫困地区重大基础设施仍很薄弱，铁路、公路路网密度仅相当于全国平均水平的一半。从产业体系来看，服务业方兴未艾，空间广阔。实体经济有完整的产业体系，基础设施较为完备、产业配套能力很强，在国际竞争中的综合比较优势依然较强。从宏观调控看，我们有集中力量办大事的制度优越性，无论财政政策还是货币政策都有较大空间，还有大量国有经营性和非经营性资产，财政金融稳健运行，外汇储备规模世界第一，政策调控的工具多、空间大。

——增长后劲充足。中国新型工业化、信息化、城镇化、农业现代化进程处在深入推进阶段，蕴含着强劲增长动力。工业化和信息化深度融合，能够促使工业向中高端加快迈进。当前中国城镇化率年均增加1个百分点以上，再考虑到大量农民工要进城落户，城镇化进程对经济增长拉动作用强劲。目前中国农村有近6亿常住人口，在基础设施和基本公共服务领域，农村居民与城镇居民差距较大。乡村振兴战略的扎实推进既能增加消费需求，又能扩大有效投资。

——人才红利累积释放。近年来中国劳动力数量虽然下降，但质量不断提高，人口数量红利加快向质量红利转换。中国有世界上极为丰富的人力资源，极大规模的科技人员队伍。全国9亿多劳动力中有1.7亿多受过高等教育或有专业技能，劳动年龄人口平均受教育年限达10.5年；每年大学毕业生700多万，中职毕业生500多万，能够为高质量发展提供强大的智力支撑。

——改革红利激发活力。改革开放后，中国经济社会发展取得举世瞩目的成就，靠的是改革；新常态下，中国经济能够从容应对复杂多变的国内外形势，实现中高速增长与结构再平衡，靠的也是改革。实践证明，只要不断深化改革，破除不合理的体制机制障碍，就能激发各类市场主体的活力。进入新时代，随着供给侧结构性改革、"放管服"改革等各项举措落实到位，改革将释放更多红利，为转型升级和高质量发展提供有力的体制机制保障。

中国经济的长期稳定健康发展，为中国纺织工业发展提供了良好的外部环境；经济发展过程中新增的消费需求以及新的发展红利，是中国纺织工业发展的重要机遇。

2. 消费市场运行平稳，消费升级持续推进

党的十八大以来，中国消费规模稳步扩大，结构持续优化，对经济发展的基础性作用显著增强。十九大报告明确提出，完善促进消费的体制机制，增强消费对经济发展的基础性作用。推动消费升级是满足人民美好生活需要、贯彻落实新发展理念、推动经济高质量发展的必然要求。正确认识消费市场发展，了解消费需求，把握消费动态趋势，是中国纺织工业积极应对消费市场变化，把握发展机遇的出发点。

国内消费是中国经济平稳运行的"压舱石"。一是中国消费市场规模不断扩大，增速虽然缓慢下滑，但依然保持较高水平。2017年全年社会消费品零售总额达到36.6万亿元，同比增长10.2%，连续第14年实现两位数增长。二是国内消费增长空间依然较大。与发达国家人均收入水平相同时期相比，中国消费率明显偏低，服务消费在居民消费支出中占比与发达国家普遍高于60%的水平相比仍有很大差距。2017年，中国服务消费占居民消费支出的比重为35.4%。三是国内消费对中国经济增长的基础性作用逐渐增强。2017年，全年最终消费支出对国内生产总值增长的贡献率为58.8%，连续第四年成为拉动经济增长的第一驱动力。如图4.2所示。

未来，消费在中国经济增长中的地位将更加凸显。这意味着，国家将更加重视消费，同时促进消费、提升消费、保护消费等相关政策举措也会加速出台、落地，推动消费体制机制不断完善，消费软硬环境进一步改善，促进消费产品和服务供给质量不断提升，进一步提高居民消费意愿和能力，释放居民消费潜力。消费是人民追求美好生活的一个重要体现，中国纺织工业以纺织服装产品为手段，满足居民消费需求，既是目的，也是责任，更是贡献。消

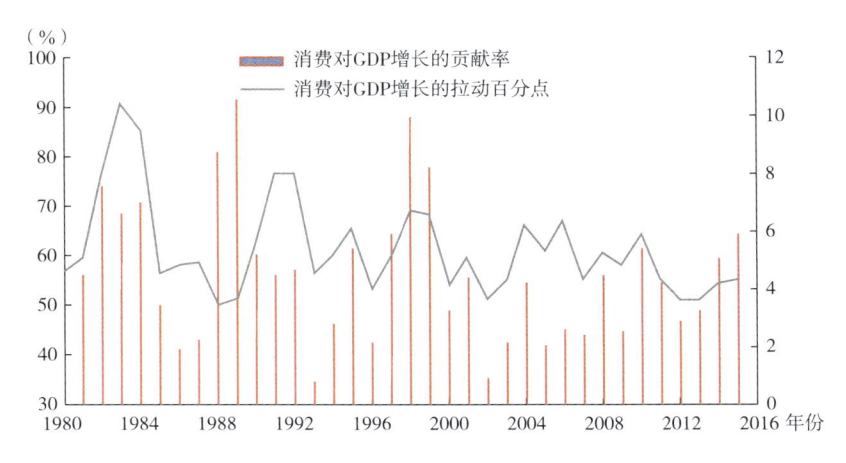

图4.2 消费对GDP增长的贡献率和拉动
数据来源：Wind

费政策利好行业发展。

消费市场结构继续优化。中国区域、城乡经济发展的差异，也表现在区域、城乡消费市场发展差异上。从城乡结构看，虽然农村消费市场保持高速增长，但城乡消费市场不均衡发展仍是常态。在居民消费能力不断增强和消费环境持续优化等因素带动下，城乡消费品市场均保持了较快增长。特别是随着农村地区交通、物流、通信等消费基础设施进一步完善和电子商务不断向农村地区延伸覆盖，农村居民消费潜力持续释放。增长速度方面，国家统计局数据显示，2012—2017年，整体上城乡消费品零售额增速放缓，同社会消费品零售总额保持一致，但农村消费品零售额增速一直高于城镇；绝对数量方面，农村市场占比逐步提高，推动消费市场城乡结构进一步优化。2017年农村消费品零售额占社会消费品零售总额比重为14.19%，自2012年以来比重年平均增加约0.2个百分点，如图4.3所示。从地区结构看，网络零售市场"东强西弱"的基本格局保持不变。东部地区仍是网络零售的主阵地，西部、中部地区网络零售增长较快。商务部数据显示，2017年，东部地区省市网络零售交易规模占比高达85.3%，其中广东、浙江、上海、北京、江苏五省布占全国比重的74.8%；西部、中部地区网络零售交易额增幅分布达到45.2%、37.9%，比东部地区分别高出12个百分点和4.7个百分点。如图4.4所示。

图4.3 中国城乡消费品零售额分别占社会消费品零售总额比重及其增速

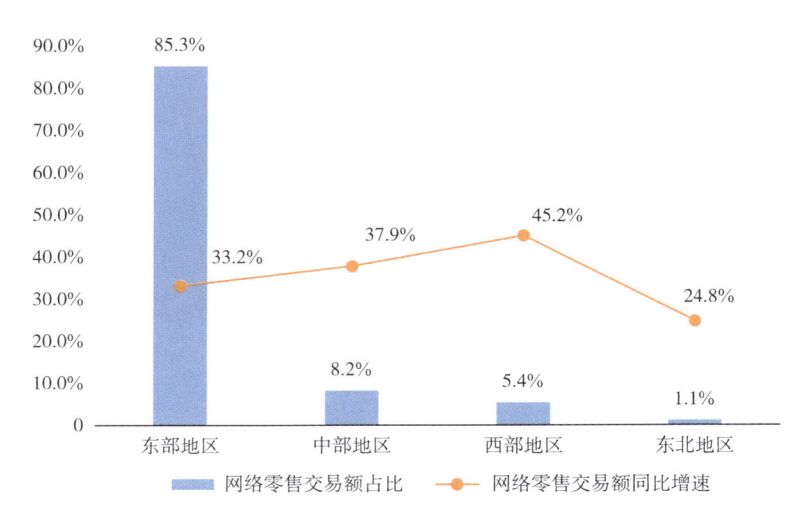

图4.4 2017年全国各区域网络零售交易额占比及同比增速
数据来源：商务部

中国消费市场城乡、区域发展的巨大差异，在反映城乡、区域经济发展不均衡的同时，也折射出城乡间、区域间在消费能力、消费结构、消费层次存在空间差异。目前，东中西部居民消费梯度已经形成，城乡间居民消费分化态势愈加明显，居民消费需求的多样化、多元化、多层化态势将更加凸显，消费供给面临的挑战将会不断加大。如何解决好当下消费市场存在的问题，满足多样化、多元化消费需求，就是中国纺织工业谋求发展的最好机遇。

中国消费供给方式更加多元。新旧业态由分离到融合，消费供给方式不断丰富。第一，随着互联网、移动互联网普及率的提高，网络消费、移动消费、跨境消费成为中国居民消费的重要方式。一是中国网络零售规模稳居世界第一。2017年，中国网络零售额达7.18万亿元，首次突破7万亿元大关，比上年增长32.2%，占全球零售总额的约25%。二是中国移动购物成为网络购物增长的主要力量。2016年移动购物在网络购物中的交易比重达到68.2%比PC端交易所占的比重高出一倍。三是中国跨境网购消费快速崛起。《中国进口消费市场报告》显示，随着跨境电商平台崛起，中国跨境电商零售进口渗透率（指通过跨境电商购买进口商品的人数占网购消费者人数的比率）从2014年的1.6%迅速攀升至2017年的10.2%。第二，传统企业积极转型，部分实体零售业态继续呈现回暖态势。2017年商务部重点监测的2700家典型零售企业销售额同比增长4.6%，增速较上年同期加快3个百分点，典型企业营业利润和利润总额分别增长8.0%和7.1%，增速分别比上年同期加快6.5和11个百分点。实体零售逐步回暖。2017年，专卖店、专业店、超市和百货店销售额增速分别为8.3%、6.2%、3.8%和2.4%，较上年同期分别加快6.6、3.3、1.9和2.7个百分点。第三，在大数据、人工智能和移动互联网等新技术推动以及日益完善的物流配送体系支撑下，超市、专业店等传统零售业态与电商平台深度融合，新兴业态和传统业态融合成为消费市场供给的重要途径。

消费升级仍是消费市场变化的重要趋势。从消费结构看，中国居民消费由生存型消费向发展型消费升级、由物质型消费向服务型消费升级。从宏观视角看，中国居民的收入水平不断提升，居民消费支出水平持续增长，而居民恩格尔系数不断下降。2017年中国居民恩格尔系数下降到29.3%，首次低于30%，达到联合国划分的20%至30%的富足标准。微观视角看，居民消费行为多样化、个性化、服务化特点明显增强。一方面，物质型消费在得到基本满足后，增速放缓；另一方面，全社会对信息、教育、养老、健康、文化等服务型消费需求快速增长。2017年，服务消费占居民消费支出的比重为35.4%。从消费品质看，随着居民收入水平提高、消费观念转变，消费者对高品质商品的需求快速增加。一是品牌消费需求强劲。中国逐步走过"刘易斯拐点"，劳动力由过剩转为短缺，基础工资上涨为品牌消费提供了经济基础。中国正处在品牌消费的初级阶段，品牌消费明显低于发达国家，品牌消费市场空间较大。二是品质消费迅速增长。随着中国消费品工业升级，"三品战略"等政策效果不断显现，品质消费将呈现爆发式增长。如图4.5和图4.6所示。

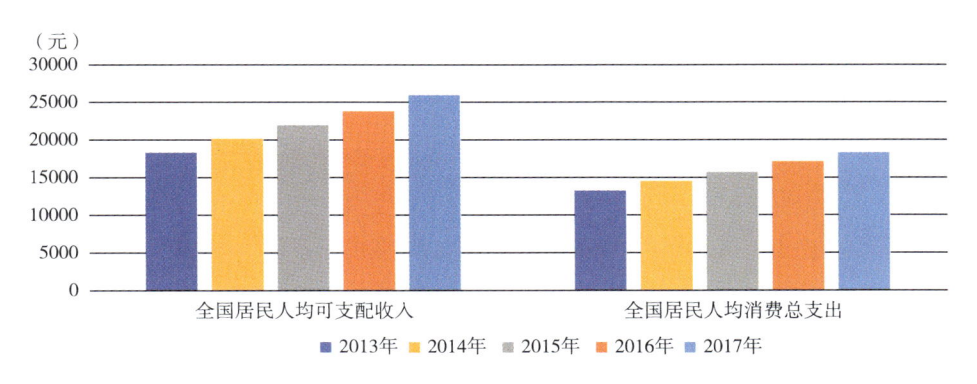

图4.5 中国居民人均可支配收入和人均消费总支出
数据来源：国家统计局

图4.6 中国居民消费结构变化
资料来源：Wind

国内消费升级变化，既是挑战也是机遇。中国消费市场规模的不断增长，是中国纺织工业发展的根本动力；消费更加趋向服务化、品质化、品牌化，对中国纺织工业发展提出了新的要求。未来，纺织工业要顺应消费的趋势变化，把握新的发展机遇，就必须积极贯彻落实"三品"战略，走品牌化、品质化发展之路，同时转变商业价值模式，向服务化转型。

三、社会环境

人口是社会基本生产力，也是社会基本消费力。中国的人口增长、人口分布、人口年龄、人口素质以及家庭构成等对消费和生产都有显著的影响。排在衣食住行第一位的纺织服装品，是人类生活必需的刚需，是最基本的需求。因此，精准把握人口的特点及变化，洞察由此引发消费市场的变化趋势，对中国纺织工业的发展具有重要的现实意义。

1. **中国劳动力资源依然丰富，人口红利的机会窗口还在**

劳动力资源是经济增长的基石。改革开放以来，中国凭借劳动力总量的巨大优势，为经济发展创造了有利的人口条件。中国16~59岁劳动年龄人口，从1982年的5.67亿人增至2012年的峰值9.22亿人，之后，劳动年龄人口增量由正转负，人口总量进入下行通道，但规模仍保持在9亿以上，劳动力资源绝对量依然庞大。国家统计局数据显示，截至2017年末，16—59岁（含不满60周岁）的劳动年龄人口为90199万人，占总人口的比重为64.89%，比2013年末减少1755万人，平均每年减少438.75万人。丰富的劳动力资源既是中国经济发展的重要基石，也是中国纺织工业发展赖以发展的根本基础。

2. **中国人口老化程度加快加深**

一是中国老年人口规模增长较快。2017年，中国60岁及以上人口为24090万人，较2013年末增加3847万人，平均每年增加961.75万人；65周岁及以上人口15831万人，较2013年末增加2670万人，平均每年增加667.5万人。二是人口老龄化进程加快。国际上衡量国家或地区老龄化水平的指标有两个，一是60岁及以上老年人口的比重达到10%以上，二是65岁及以上老年人口的比重达到7%以上。2017年，中国60岁及以上人口占总人口的17.33%，较2013年上升2.45个百分点，平均每年上升0.61个百分点；65岁及以上人口占总人口的11.4%，较2013年上升1.72个百分点，平均每年上升0.43个百分点。与老龄化相对应的还有生育率，中国总和生育率持续偏低。世界银行数据显示，2016年中国总和生育率下降至1.62，远低于国际公认的生育率警戒线1.8和人口世代更替水平2.1，略高于人口结构危机的警戒线1.5。

中国人口的老化，既是挑战，也是机遇。从劳动力供给变化看，中国劳动年龄人口的减少和人口老龄化加剧，将使得有效劳动力供给大幅减少，劳动参与率下降，促进劳动力成本上升。在此背景下，劳动力规模优势带来的劳动力成本红利丧失，"用工荒、招工难"状况将进一步加剧，中国纺织工业生产、发展受到一定限制；但这将倒逼中国纺织工业加快自动化、数字化、智能化升级改造，实现转型发展。从消费需求变化看，未来老年人口消费市场将继续放量需求，市场规模将进一步扩大。老年人口数量的不断增长，将极大地带动老年人生活用品、医疗健康服务等消费产品与服务的需求增长。《老龄科学研究》预测，截至2020年，老年人消费需求总量将达到4.3万亿元，占当期国内消费总额的12%，到2030年规模进一步扩大至13万亿元，同期消费总量占比也将增长至15%。银发经济将为中国纺织工业带来巨大发展机遇。但是从老年人口抚养比看，中国老年人口抚养比持续上升，将会增加劳动年龄人口的抚养负担，挤压劳动年龄人口的消费增长空间。2017年，老年人口抚养比为15.9%，比2013年上升2.8个百分点，平均每年上升0.7个百分点。

3. **教育发展推动"人口红利"向"人才红利"转变**

中国人口整体素质水平不断提升。改革开放以来，党和政府一贯高度重视人才培养，随着科教兴国、人才强国战略的实施，中国劳动年龄人口的知识技能水平不断提高，为建设知识型、技能型、创新型劳动者大军提供了坚实人力基础，也为中国经济发展提供强有力的人才支撑。教育部数据显示，劳动年龄人口的平均受教育年限由1982年刚刚超过8年提高到2017年的10.5年，特别是新增劳动力的受教育年限已达13.3年。中国高学历人口数量不断增长。《教育法》《义务教育法》实施以来，中国高等教育获得了快速发展。教育部数据显示，2017年全国各类高等教育在学总规模达到3779万人，较2012年增长13.65%，年平均增长90.8万人；2017年高等教育毛入学率达到45.7%，较2012年增加15.7个百分点，年平均增加3.14个百分点。劳动年龄人口素质的不断提升以及人口教育结构的不断优化，为中国经济发展带来"人才红利"，也为中国纺织工业的中高端转型发展提供人才支撑。如图4.7所示。

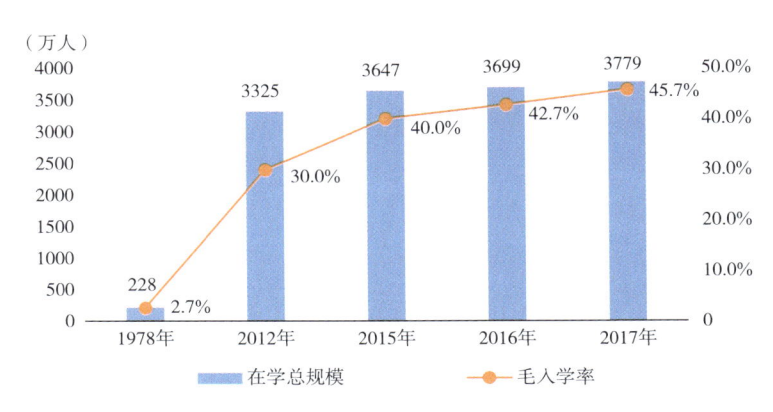

图4.7　高等教育在学规模和毛入学率
数据来源：教育部

4. 人口分布与经济发展、产业结构密切相关

中国人口的空间分布不均衡影响地区经济发展，也影响地区产业结构。不同地区经济发展的差异，影响人口迁徙流动，造成了人口分布不均衡，也形成了特定的产业结构。而经济发展水平对人口的可支配收入有着直接关系，这决定了居民的购买力和消费结构。地区之间发展差距对产业结构的影响，是纺织服装企业进行市场布局和战略定位所考量的重要因素之一。目前，中国居民消费在地域分布上呈现出几个特点：一是高消费水平地区集中在东部地区，二是低消费水平地区主要集中在中西部地区。

5. 纺织服装产品在增强文化自信、促进社会和谐等方面作用愈加突出

纺织工业与社会文化发展一脉相承，并在一定程度上承载了社会的主流价值观、审美观，并引领消费习惯向更高等级攀升。纺织服装消费呈现出从注重量的满足向追求质的提升、从关注有形产品向关注服务体验、从模仿型排浪式消费向个性化多样化消费转变的三大发展趋势。在价值观念方面，穿衣戴帽不仅是一种生活上的行为方式，也是一种内在价值的外部表现。价值观念的差别非常明显地呈现在衣着消费上，年轻与老年消费者的差别、城乡消费者的差别，受教育程度不同的消费者的差别等因素，带来多个细分市场。在风俗习惯方面，消费习俗对消费心理和消费行为有明显的影响，例如消费者往往在过节、婚庆前期都会形成较强的购买力，从而带动纺织服装产品的需求增加。从发展趋势来看，当前的社会文化包容性更强，消费者更加注重消费安全健康，突出自我意识。这些社会文化因素对于纤维材料的绿色化、设计水平的个性化、生产过程的环保化和消费过程的舒适化都提出了新的要求。

四、技术环境

科技创新始终是推动人类社会生产生活方式产生深刻变革的重要力量。当前，信息技术、新能源、新材料、生物技术等重要领域和前沿方向的革命性突破和交叉融合，正在引发新一轮产业变革，推动全球制造业发生深刻变革。特别是新一代信息技术与制造业的深度融合，引发制造业基础设施、生产要素、制造模式、创新范式以及商业模式发生深刻变革，推动制造业转型升级和创新发展，加快实现质量变革、效率变革、动力变革。

1. 制造业的基础设施正在被升级重构

信息技术的快速发展和广泛应用，正在升级改造工业发展以及支撑工业发展的基础设施。一是支撑工业发展的旧基础设施加快升级。先进信息技术与物流业深度融合发展，加速物流设施装备的自动化、智能化升级改造，提升物品管理的信息化、数字化水平，物流智慧化发展成为主流趋势。智慧物流的快速发展，提高了物流效率，也大幅降低了物流成本。2016年，社会物流总费用与GDP的比率为14.9%，连续五年持续下降，出现较快回落趋势。物流是连接供应、制造和客户的重要环节，物流的智慧化发展对制造业的生产成本控制和智能化发展具有重要意义。二是新的工业基础设施加速形成。信息技术发展正在形成新的信息技术在制造业领域的渗透应用，生产制造环节传感器大量部署，工业大数据、工业 APP、工业软件的集成应用不断引发对工业云平台的迫切需求，工业网络宽带化、IP化、无线化稳步推进，"云""网""端"正逐步成为制造业发展的新型基础设施，也是智能制造、服务型制造等新业态新模式发展的重要支撑。

2. 制造业的生产要素正在发生新的变化

历史经验表明，每一次经济形态的重大变革，必然催生也必须依赖新的生产要素。劳动力和土地是农业经济时代新的生产要素，资本和技术是工业经济时代新的生产要素。进入数字经济时代，数据逐渐成为驱动经济社会发展的关键生产要素和新引擎。《经济学人》撰文称，数据已经取代石油，成为当今世界最有价值的资源之一。信息技术与经济社会的交汇融合，引发数据迅猛增长，大数据成为社会的基础性战略资源，蕴藏着巨大的潜力和能量。据IDC预测，到2020年，全球约有40亿人连入互联网，产生2500万以上的APP和250亿嵌入式智能系统，将产出50万亿GB的数据并创造4万亿美元的利润。大数据、人工智能等技术的发展，使得数据的价值创造潜能大幅提升。数据资源与产业的交汇融合给制造业的转型升级带来新的机遇。数据将贯穿制造业的整个价值链、产品的整个生命周期。从长远来看，掌握和利用数据的能力，将是企业获得竞争新优势的关键能力。

3. 制造业的生产方式正在发生深刻变革

信息网络技术与传统制造业相互渗透、深度融合，推动制造业向着数字化、网络化、智能化方向发展，促进生产方式向定制化、分散化、服务化转变。一是大规模批量生产向大规模定制生产转变。互联网理念扩展到工业生产和服务领域，催生了众包设计、个性化定制等新模式，生产者与消费者的实时互动，既实现了供需动态平衡，也满足了个性化消费需求。二是集中生产向网络化异地协同生产转变。信息网络技术使不同环节的企业间实现信息共享，能够在全球范围内迅速发现和动态调整合作对象，整合企业间的优势资源，在研发、制造、物流等各产业链环节实现全球分散化生产。三是传统制造产业向跨界融合产业转变。互联网产业与制造业、生产性产业与服务性产业之间的边界日益模糊，制造业服务化趋势明显。产业生产从以传统的产品制造为核心转向提供具有丰富内涵的产品和服务，转向为顾客提供整体解决方案。服务成为价值增值的重要来源。

4. 制造业的创新范式发生转变

互联网开放、共享、协同、去中心化的特征正在推动制造业创新主体、创新流程、创新模式的深刻变革。一是移动互联网、工业互联网、工业软件、3D打印等新技术的应用推动着创新组织的小型化、分散化和创客化，而各类创新创业平台不断涌现，更是对此趋势变化提供了有力支撑。二是企业创新资源的配置方式和组织流程正在从以生产者为中心向以消费者为中心转变，构建能够深度挖掘、实时感知、快速响应、及时满足用户需求的创新体系成为企业重获竞争新优势的关键。三是众创、众包、众筹等新模式密集涌现，技术创新、业态创新、商业模式创新相互交织、激荡融合，创新趋向多维融合。互联网对于创新资源的优化配置不断激发全社会的创新活力，成为制造业转型升级的新动力。

5. 商业模式的创新发展不断向制造业蔓延

互联网技术的快速发展，正在深刻影响着企业的营销模式和消费者的购买方式。近年来，中国电子商务发展迅猛，从B2B、B2C、C2C向大规模个性化定制C2B转型，从线下到线上，再到线下线上融合发展，从网络交易平台转向生产/服务平台，"互联网+""人工智能+"正在成为主流的商业模式。基于互联网的商业模式创新正在从消费领域延伸到生产制造领域，为制造业发展注入了新的活力。

6. 制造业的发展空间进一步拓展

新一代信息技术与传统产业融合发展进一步提升劳动力、资本、土地、技术、管理等要素的配置效率，增强产业供给的能力和水平，将为经济增长持续注入新活力、新动力，拓展产业发展的新空间。一是经济增长的新空间。新一代感知、传输、存储、计算技术加速融合创新，极大激发了广泛获取、海量存储、高速互联、智能处理和数据挖掘等技术的创新活力，智能制造、生物医药、新能源、新材料等领域的交叉融合创新方兴未艾，新的经济增长点不断涌现。二是信息消费的新空间。先进信息技术的广泛渗透、交叉融合，正在推动形成新的消费习惯、消费模式和消费流程，智能穿戴、智能家居、智能汽车、服务机器人等新产品不断涌现，不断刺激新的信息产品和信息服务消费需求。互联网从生产、需求等方面不断催生大量新兴增长点，开辟制造业发展新空间。

第五章 中国纺织工业的未来与高质量发展路径

世界正面临百年未有之大变局，变局中危和机同生并存，中国处于并将长期处于重要战略机遇期。这是中国纺织工业发展面临的大环境。中国纺织工业要实现生产力和竞争力的提升，需要充分利用发展中积累的优势，找出并弥补劣势，洞察并抓住发展机遇，提高能力应对挑战。以自身发展的确定性来对冲外部环境的不确定性。

第一节 中国纺织工业发展的优势与劣势

一、中国纺织工业发展的优势

1. 中国纺织工业的规模优势

中国纺织工业是世界最大的纺织经济体之一。中国纤维加工总量、纺织品服装出口均位居世界首位。行业企业与产业集群数量庞大。2016年纺织工业规模以上企业数量占全国规模以上制造业企业数量1/10。行业固定资产总额和主营业务收入在主要工业和消费品行业中位居前列。行业集中度呈现逐年增高的态势。规模优势是中国纺织工业实现长期平稳健康发展的根基。从目前看，全面转移的条件并不存在，世界上其他纺织经济体尚不具备全产业链大规模承接的基础与能力。庞大的规模为中国纺织工业技术创新、产品开发、产业链升级、模式创新提供了广阔的空间。通过实现规模经济，能够有效降低单位成本、提升资源利用效率、强化学习效应、提升议价能力，进而获得更强的国际竞争力。另外，丰富的行业资源与产能，为平台经济、共享经济的发展提供了有力支撑。随着行业两化融合的深入，产业数据不断积累，人工智能在行业应用前景广阔。

2. 中国纺织工业的体系优势

经过多年的发展，中国纺织工业门类不断丰富、制造体系不断完善。棉纺、毛纺、麻纺、丝绸、印染、化学纤维制造、服装、家用纺织品、产业用纺织品、纺织机械制造等部门齐头并进，相得益彰。中国纺织工业已形成全球极为完备的产业体系。这为纺织工业的未来发展蓄积了强大势能。一是有利于促进协同创新。完备的体系具有创新孵化效应，联合研发能力强，具备充足的应用转化条件；二是有利于提高生产效率。通过提升工艺技术，优化流程，达到上下游衔接顺畅，提高生产效率；三是有利于促进生产性服务业发展。尤其是促进设计服务产业的发展与物流体系的完善，为行业的发展营造良好的生态环境。

3. 中国纺织工业的科技创新优势

行业科技创新与制造水平发展的潜力大，动力足。经过不断发展，中国纺织工业在科技发展方面已经实现了从跟跑、并跑到部分领域领跑的转换。一是已经形成较为扎实的科研基础。在科技创新方面，已经具备很强的消化、吸收和转化能力。二是拥有强大的科研储备人才队伍。全国设有纺织有关专业的本科院校约有200所，高职院校约290所，中职院校约900所，为社会和行业培养了大量的科技领军人才和专业人才。三是新经济新业态发展迅速。随着纺织行业两化融合的深入发展，数字化、网络化、智能化的发展提高了制造效率，推动了智能制造、大规模个性化定制等新生产方式的发展。科技创新与制造技术的快速发展为中国纺织工业的转型升级提供了良好的基础，有助于发挥积蓄的潜力，探索新动能。

4. 中国纺织工业的文化价值体系优势

首先，中国文化资源丰富。我国拥有五千年的悠久历史与灿烂文化。纺织服装作为文化的重要载体，纺织服饰文化与中国文化的发展一脉相承，是中国文化的重要组成。随着知识产权保护等制度的完善，中国文化在转化渠道方面的机制越来越健全。中国文化对中国纺织工业文化内涵的提升正在发挥更大的作用。其次，中国文化在融合发展中具有独特优势。中国文化以其包罗万象、博大精深的胸怀打破时间的更迭、空间的限制。优秀文化的融合赋予中国纺织工业无限的发挥空间，提供丰富的文化素材。这些将有力推动纺织产业往高层次、高附加值、品牌化发展。最后，社会对于文化价值的认识正在深入。文化自信在不断强化，社会对于中国文化价值的认识与认可在走向深入。这有助于中国文化价值体系的形成，从而为行业未来发展赋能。

二、中国纺织工业发展的劣势

1. 我国纺织工业在科技创新发展方面仍存在不足

主要表现在以下三方面。第一，基础性研究和共性关键技术开发薄弱。中国纺织工业在基础科技研究方面尚未形成良好的支撑，创新资源分散，未能形成整体合力，难以针对行业共性关键技术进行协同和集成创新。第二，科技成果转化率较低。尽管纺织行业取得了大量科研成果，但科技成果转化率较低，部分成果停留在科研阶段，不能满足产业化、商品化要求，同时由于企业间的竞争、成果持有单位利益分配等问题，部分关键技术难以向全行业辐射。第三，自主创新能力不足。科技创新与先进国家依然存在较大差距，自主创新及集成创新能力不足。在高性能纤维材料、高端纺织机械设备等方面对国外的依存度仍较高。科技创新的不足制约了中国纺织产业在高精尖领域的发展。一些核心技术受制于人，增加了行业未来发展的风险。

2. 国际知名品牌的数量较少，品牌影响力较弱

一直以来，中国纺织服装品牌在国际知名品牌中比例不高。品牌发展呈现出"多而不

强"的现象。行业品牌在战略定位、文化融合、运行模式等方面都需要进一步探索与创新。品牌的市场认可度和国际影响力还需要慢慢积累。创意设计、流行趋势发布等方面与国际领先水平的差距也限制了品牌文化价值的提升。另一方面，在品牌的渠道拓展、创意营销、资本运作等领域同样存在短板。人才、资金、技术和经验都有不足。品牌建设工作的薄弱使得中国纺织服装产品面临附加值较低、影响力较弱、话语权较小的处境。这是未来行业发展必须突破的瓶颈。

3. 制造成本优势减弱，劳动力结构正在改变

随着人口老龄化加快、整体收入水平的提高，我国劳动力成本正在上升。据相关统计，中西部纺织企业人均工资也已达到越南的2倍、孟加拉国的近5倍，大部分省份的电价是越南、美国等地的近2倍。与东南亚、非洲等新兴经济体相比较，我国纺织行业制造成本优势正在消失。而社会对行业的一些认知偏见加重了行业劳动力供给的不足，产业工人流失较为严重。总体来看，中国纺织企业大多还仍依赖传统发展路径。制造成本优势的减弱会对产业未来发展造成很大的不确定。随着订单外移，产业空心化风险在加大。

第二节 中国纺织工业发展的机遇与挑战

一、中国纺织工业发展的机遇

1. 国内市场消费增长潜力大，为行业发展提供了成长空间

首先，我国拥有世界五分之一人口，消费市场巨大。国民消费仍处于生存消费、生活消费、品质消费以及体验消费并存叠加的状态；三四线城市消费加快升级，农村消费增长强劲。新经济的发展触发了消费潜能的释放。电子商务、社交平台拓宽了传统纺织企业的销售渠道，打破了与消费者之间的时空壁垒。内需市场为行业发展提供了重大机遇。比如我国在加大制造业技术改革和设备更新、新型基础设施建设等方面都会带动产业用纺织品等应用需求的扩大。满足消费升级是行业转型升级的动力，中国纺织工业在利用好国内市场方面仍存在巨大空间。

2. 行业国际化和开放进程加快，为中国纺织工业提供更大舞台

随着全球化深入发展，世界各国深度融合，经济全球化成为不可逆转的大势。我国正在形成全方位、多层次的开放格局。第一，随着"一带一路"倡议的实施，中国纺织工业对"一带一路"沿线国家和地区的投资增长明显，与"一带一路"沿线国家和地区贸易往来日趋频繁。第二，国际分工体系及全球纺织品服装贸易格局正在发生变化，发展中国家、新兴经济体在世界经济发展中的地位越来越重要；中国纺织工业已经成为连接发达经济体与亚非拉欠发达经济体纺织业之间的主要中间节点，发展中国家的成长给中国纺织工业的发展带来新机遇，有助于锻造在世界纺织价值链中的核心竞争力。第三，全球营商环境逐步完善，影响企业全球营商环境的监管指标持续向好，推动了纺织工业的国际化发展和全球产业布局的深刻调整。良好的政策与环境为中国纺织工业"走出去"全力护航，发展前景广阔。

3. 国家大力出台支持产业发展的政策，为行业发展提供稳定、健康的环境

政治稳定是一切发展的根本前提。国家治理体系不断完善，法治化规范化程度不断深化，体制机制改革的稳步开展，行业发展得到了稳定且持续改善的外部环境。国家政策的针对性、科学性在不断增强。国家出台了一系列政策，内容涉及市场体制改革、宏观调控体制改革、财税体制改革、金融体制改革、国有企业改革、教育体制改革、生态文明建设体制改革等领域。支持实体经济发展、激发市场活力、支持科技创新等成为重要关切。这些正在破除行业发展中的一些共性问题与突出矛盾。

4. 全球新一轮科技革命产生新的生产要素，推动新旧动能转换

当前，第四次工业革命正在兴起，以新一代信息技术为核心，新能源、新材料、生物技术等为代表，正在日益消除物理世界、数字世界和生物世界之间的界限。各项技术的融合创新促进了新经济、新产业、新业态、新技术的发展。互联网、大数据、云计算、人工智能等技术对全球产业格局带来巨大影响，生产方式、生活方式、消费方式都在发生深刻变化，这为中国纺织工业充分利用新科技实现产业链、价值链的升级和国际竞争力的提升提供了良好机遇。以智能制造为例，纺织产业的数字化、网络化、智能化发展同步并行，中国纺织工业建设智能化装备、智能化工厂的步伐正在加快；新一代信息技术加速了纺织产业由传统制造业向服务型制造业的转变，网络化协同制造、定制化服务、系统解决方案、服务外包、供应链管理等模式都将成为中国纺织工业高质量发展的重要动能。新科技革命为中国纺织工业由大变强提供了"弯道超车"的机会。

二、中国纺织工业发展的挑战

1. 产业面临的资源环境压力在加大

绿色发展在世界范围得到越来越多的重视，对产业的发展提出新要求。社会责任成为行业企业发展的重要议题。如何保持产业的可持续发展是中国纺织产业在未来面临的重大挑战。一个重要因素是绿色供应链的责任传导。注重企业社会责任的品牌商通过建立绿色供应商体系，对于制造商在产品生产过程中的环境友好制定较高的标准；同时具有环保意识、可持续发展理念的消费者对于绿色产品的需求倒逼制造企业的绿色生产与责任发展。中国纺织工业企业以中小企业居多，在环保项目改进等方面普遍存在资金短缺困难，技术和管理人才缺乏的现象，在支持中国纺织工业的转型升级方面也存在不足。

2. 体制机制制约仍然存在

一是要素市场以棉花为例，中国棉花市场受进口配额、收放储等政策影响，内外棉价存在较大价差。这对棉纺产业的平稳健康发展形成了一定的冲击，增加了发展的不确定性。二是金融体制。金融市场有待充分发展，金融创新不能满足实体经济发展的需要。金融机构与纺织行业之间的信息不对称，认知有偏差，导致了资本对于中国纺织产业的支持力度较小，中国纺织工业企业对于金融产品的应用能力也较欠缺。三是监管制度。如在环保等政策方面在具体监管与执行中存在着"一刀切"等以禁代管行为，对行业企业的自主转型升级起到了反作用；在新经济体制机制方面监管滞后，不能有效及时规避风险。

3. 国际市场不确定性凸显

随着全球制造体系发生结构向变化，贸易关系更加复杂。世界范围内，单边主义、贸易保护主义有所抬头，国际市场的不确定性在增强。摩擦的规模和范围在扩大，关税上升。这使得全球的产业链、供应链完整性、衔接性正受到破坏。全球性议题和挑战在不断增多，利害关系相互交织，增加了全球经济发展的不稳定性。新兴纺织经济体的崛起，欧美等发达经济体在研发、设计、营销、渠道等方面的领先及其制造业的回归，使得我国纺织工业面临"腹背受敌"的局面。

如图5.1所示，面向未来，我们需要扬长补短，鉴机识变。中国纺织工业要以"科技、时尚、绿色"为方向，深入推进供给侧结构性改革。不断强化科技创新、产品升级、产能协同、市场培育四方面建设，以智能、绿色轴线贯通产业价值链，同时完善资本与人才两大支撑体系。积极推进"纺织大国"向"纺织强国"的转变。

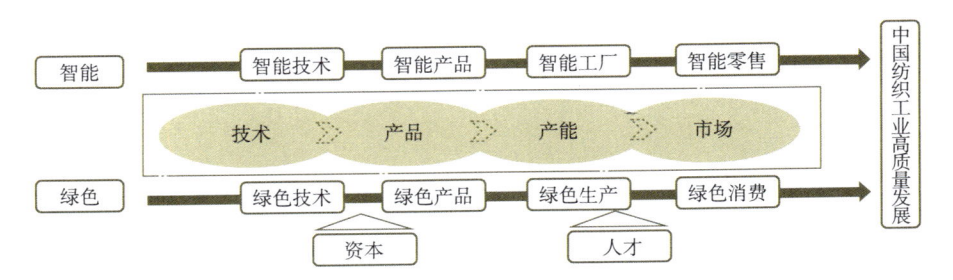

图5.1 中国纺织工业高质量发展路径

第三节　中国纺织工业高质量发展路径

一、加强科技创新能力

从整体上看，纺织工业的科技发展现状与纺织强国目标要求仍存在一定差距。主要表现在创新体系建设及运行机制不完善、科技成果转化率较低、自主创新及集成创新能力不足、标准化建设相对滞后等方面。面对国际科技竞争的压力，纺织工业必须加快自主创新，提升竞争实力。第一，瞄准世界科技前沿，围绕行业关键基础材料、先进基础工艺等关键共性技术和前沿引领技术展开研究。着重推动生物基单体高效制备技术、污染物零排放技术、具有自主知识产权的智能装备关键装置和核心部件等重大关键技术取得实质性突破，为行业原始创新和科技长远发展创造条件。第二，聚焦产业升级瓶颈和技术需求，加大高性能纤维、功能性纤维等新材料的产业化应用。重点加强碳纤维、芳纶、生物基纤维等新材料在应急与公共安全、医疗与卫生、生态与环保、交通与农业、航天与基建等领域的应用。第三，完善以企业为主体、市场为导向、产学研用深度融合的技术创新体系。通过打造高质量的产业技术创新联盟、产品创新联盟与技术推广平台，提高科技成果转化效率，解决长期以来的专利异化问题。第四，不断加大标准研究力度，完善行业标准体系建设，通过建立标准，提升科技影响力。加快推进智能制造、工业互联网等新兴领域的团体标准编制工作，提升专业话语权。

二、深化"三品战略"建设

随着我国经济发展，居民收入快速增加，中等收入群体规模扩大，消费结构不断升级，消费者对产品和服务提出更高要求。对行业而言，扎实推进"增品种、提品质、创品牌"，是由"大"向"强"的内在要求，是实现高质量发展的重要途径。

第一，以消费升级为导向，提升产品品质。将产业发展与扩大内需、消费升级结合起来，不断丰富品种、提升品质，满足个性化、多元化、多层次、体验式的消费需求。注重技术在产品中的创新应用，不断开发高性能、多功能、高性价比、智能化、生态化的产品。提升纺织品服装设计能力，促进纺织服装工艺与文化创意的深度融合。研究发布从色彩、纤维、面料到终端产品的流行趋势，促进趋势在产业链上的传导，提升产品的文化价值、美学价值、市场价值。

第二，以文化自信为支撑，丰富品牌内涵。以大师、大牌、大事为抓手，充分发挥文化对产业品牌的赋能与引领作用。大力发展具有中国特色、纺织特点的工业文化，深度挖掘行业发展中积淀的物质文化、制度文化和精神文化。深化对传统文化的行业挖掘与应用，推动纺织非物质文化遗产的传承与发展。以生活方式为切入点，促进时尚潮流与生活方式的深度融合。做优、做大专业展会、赛事、时装周等平台，提升品牌的影响力。

三、完善产能协同发展

当前，纺织工业创新模式正在从单打独斗走向众创、共创、广域协同，大中小企业不再是独立割裂的个体，而是以创新创业为纽带紧密地联结在一起。因此，要积极推进大中小企业融通发展，破解因产业组织结构不合理导致的盲目竞争和产能过剩，形成产学研用协同、大中小企业融合的双创格局。以纺织龙头企业为主导，通过整合校企等创新资源，搭建产业协同创新平台，推动创新资源共享，提升成果转化效率。此外，强化供应链协同能力。建立健全标准共享、信息共享的协同管理体系，推动供应链上下游企业实现协同采购、协同制造、协同物流，促进大中小企业专业化分工协作、共同发展。资源要素分布、竞争优势变化与多年发展形成的产业区域格局存在不平衡问题。这种不平衡阻碍了资源的高效流动与应用，制约了行业的可持续发展。为此，需要建立更加有效的区域协调发展新机制，不断增强区域发展的协同性和整体性。第一，以产业公共服务平台为载体，建立互联互通机制，推动资源要素跨区域互通共享，促进区域联动协同发展。第二，围绕优化区域生态，积极推进世界级先进纺织集群建设与乡村振兴战略、区域协调发展战略的有效链接。第三，打造多层次、立体化的专业分工体系和产业生态系统，增强企业跨地区、跨国界、跨文化经营管理能力和全球资源整合能力，推动形成特色鲜明、优势互补、区域联动、协同发展的产业布局。

四、强化内外市场培育

健康的国内市场是行业成长的土壤。纺织工业要坚持以人为本，积极培育市场，更好满足多层次、多元化的消费需求。第一，强化渠道建设。以消费需求为核心，实现线上线下的有机结合，提升消费者的服务体验。同时，积极利用社交网络等新兴渠道与平台整合流量资源，实现价值转化。第二，完善专业市场建设。继续深化专业市场和产业集群的联系，通过链接上下游资源、高效对接供求，不断提升市场的专业化与品质化程度。重视专业市场在服务中小微企业中的作用，把专业市场打造成为链接中小微生产企业、中小微商户、中小微经销商、各类消费者的集成平台。第三，完善海外市场建设。打造开放性、多层次、专业化的行业对外窗口，积极发展跨境电子商务，强化国际合作和经贸往来，以产品、产能、品牌、资本走出去，推进国际化市场布局。第四，加强市场诚信体系建设和知识产权保护，规范行业市场秩序，提高供应链和市场效率。倡导极健康的生活方式和时代风尚，培养消费市场，引导消费者形成健康、科学、理性的消费观念。

五、推进全产业链智能化

智能制造在全球范围内快速发展，已成为包括纺织业在内的制造业重要发展趋势，对产业发展和分工格局带来深刻影响，正在推动形成新的生产方式、产业形态、商业模式。当前，发达国家已经围绕智能制造，积极培育制造业未来竞争优势。智能制造对于提升中国纺织工业的生产效率、改变传统生产模式，提高国际竞争力，实现高质量发展具有重要的战略意义。中国纺织工业应按照我国智能制造数字化、网络化、智能化三种基本范式的发展路径，分阶段并行推进中国纺织工业的智能制造。主要途径如下：

第一，发展智能技术与装备，夯实智能制造基础。围绕中国纺织工业制造中的感知、控制、决策和执行等流程，突破纺织装备专用新型传感器、设备间集成、纺织数据模型、纺织智能制造执行等一批关键共性技术；着重推进在人工智能驱动下的智能传感、模式识别、认知学习分析、推理、决策智能化执行等支撑技术；建设先进网络基础设施，发展工业互联网平台体系，同步提升安全保障能力。智能装备方面，通过先进制造、信息处理、人工智能等技术的集成与融合，研发工艺先进、绿色节能、信息技术深度嵌入的智能化装备，提高纺织工业装备的生产效率、性能功能以及自动化、数字化水平。第二，发展智能工厂与运营，打造智能制造单元。在棉纺、印染、化纤、服装、针织、家纺、产业用纺织品等行业，通过智能化生产和运营，提高劳动生产率和产品质量稳定性，降低能源消耗与污染物排放水平。开展以自动化和智能化生产、在线工艺和质量监控、自动输送包装、智能仓储、智能管理为主要特征的数字化、智能化工厂（车间）。强化智能化运营的系统建设，加强工艺执行、设备管理、生产计划调度的智能化，提升制造的全要素生产率、产品质量、新产品研发能力、能源利用率，智能检测并控制废水废气排放。第三，发展智能产品与模式，拓展智能制造服务。设计开发和推广应用智能纺织产品，包括智能可穿戴产品、智能家居纺织品、智能产业用纺织品，满足智能生活方式需求；开展网络协同制造、大规模个性化定制、远程运维服务、工业云平台、众包众创等不同智能制造模式，形成有效的经验，并加以推广，扩大制造能力范围，优化资源使用效率，支持中小企业的智能制造发展。

六、推进全产业链绿色化

"建设生态文明是中华民族永续发展的千年大计"，践行社会主义生态文明观，实现绿色发展是新时代中国纺织工业实现高质量发展的重要突破口。近年来，国家不断出台新的环境保护政策与法规，监管趋紧趋严，并将污染防治作为决胜全面小康的"三大攻坚战"之一。我国纺织工业总体上尚未完全摆脱高投入、高消耗、高排放的发展方式，迫切需要加快构建科技含量高、资源消耗低、环境污染少的绿色制造体系，推动产业转型升级，牢固树立中国纺织工业"绿色"新标签。

第一，立标准，规范化发展。推进纺织工业绿色制造、绿色产品标准体系建设，完善顶层设计，协调体系配套，引导行业绿色制造规范发展。进一步完善重点产品能耗、水耗及重点行业污染物排放标准，督促行业污水治理由"末端治理"向"过程管控"转变；优化纺织清洁生产评价体系；建设废旧纺织品回收和再利用体系，发展循环经济，推进"绿色纤维"及绿色纺织品的认证。第二，优技术，精益化发展。发展节水、节能技术，降低单位产品取水量，建立能源管控系统；发展清洁生产技术，扩大原液着色等技术的应用；推广废水、废气中的热能、水资源、染料、化学品、原材料的回收循环利用技术；废旧纺织品循环利用共性技术，突破废旧纺织品预处理、分离、高值化、再利用生产技术；提升纺织化学品开发及应用技术，减少有害化学物质、氨氮等污染物排放。第三，促协同，体系化发展。强化产品全生命周期绿色管理，将绿色理念贯穿于设计、研发、制造、流通、消费等各环节，促进绿色消费与绿色生产良性互促。鼓励企业建设绿色工厂、绿色企业与绿色园区。打造绿色供应链，构建绿色纺织循环体系，推动产业链上下游绿色制造的协同发展。围绕"人本责任、环境责任、市场责任"三大维度，进一步推广完善中国纺织服装企业社会责任建设，创新纺织工业的化学品、碳、水足迹管理，保障中国纺织工业可持续发展。

七、加快推进产融合作

党的十九大报告强调要"增强金融服务实体经济能力，提高直接融资比重，促进多层次资本市场健康发展"。从发展现状来看，中国纺织工业在资本市场地位、应用状况与产业体量、企业数量不成正例；行业龙头、品牌和科技创新型企业资本对接不充分，产融结合提升空间巨大。创新发展要求纺织工业必须与金融市场深度融合，借助资本市场的力量做优做强，进而促进行业的高质量发展。纺织工业具有价值链条长、金融属性强的特征，巨大的规模、丰富的生态使得中国纺织工业对资本具有非常强的涵养能力。因此，加快推进产融合作是中国纺织工业高质量发展的重要途径，具体应加强以下三方面的工作：

第一，降低资本与产业间的信息不对称。积极推进优质企业与资本市场对接，促进资本与产业之间的信息互通，借助行业协会、金融机构、中介机构、交易所、证监会等平台，建立沟通机制，主动破除一些不符实际、不合时宜的印象锁定。引导资本市场对优秀企业上市、并购重组的支持，筛选具备能力与条件的科技型、创新型中小微纺织企业登陆"科技创新板"。第二，建立完善产业投资基金。以产业发展基金、产业投资基金等形式，拓宽企业融资渠道，引导资金投向行业基础性、战略性、先导性领域，重点支持科技创新型（如纤维新材料、绿色制造、智能制造、服务型制造等）、品牌创新型、发展模式创新型（如细分行业龙头、单项冠军、全球布局、全产业链布局等）纺织企业的发展。第三，创新融资工具与融资渠道。适应金融创新，善用金融工具，利用绿色金融、科技金融、文化金融、普惠金融等支持纺织工业转型升级；运用互联网金融等方式丰富资金来源、促进创新发展。

八、加强人力资源保障

当前，行业仍存在人才结构性过剩与总量短缺并存的状况。现有的学科体系和人才储备与第四次工业革命所需要的人才结构和专业设置等都有很大差距。为此，需要从高校、企业、社会等多个层面系统推进人才队伍建设。第一，与时俱进，完善学科建设，强化研教融合。持续完善专业内容随产业发展的动态调整机制，推动课程体系、教学内容、专业设置的及时调整、升级与革新，实现人才培养与产业需求的有效对接和匹配。以科研促进教学、以教学践行科研。第二，拓宽科技创新人才培养模式，多层次、多领域培养，既要有行业领军人才，也要加强基层专业技术人才队伍建设。充分利用现有资源，强化职业教育、继续教育、普通教育的有机衔接，在更大范围形成产学研用相结合的协同育人模式。第三，完善创新人才激励力度，激发广大科研人员的积极性、主动性和创造性，加快形成有竞争力的引才、用才、育才机制。

第六章 政策建议

第一节 加大财税、金融政策扶持力度

加大财税政策的支持力度。一是通过优化整合后的中央财政科技计划（专项、基金等），重点支持纺织新材料、核心技术、关键零部件、高端装备的研发和创新平台建设，提升产业发展的基础能力。二是支持纺织工业改造提升和新兴业态发展，引导企业加大对品种优化、质量提升、装备更新、智能制造和绿色制造等方面的投入力度。三是更好发挥清洁生产专项资金的作用，引导行业重点清洁生产技术应用示范和推广。四是加快落实企业研发费用加计扣除政策，激励中小企业加大研发投入，激发企业创新活力。五是推进税制结构改革和税率优化，逐步降低以制造业为主的各类实体经济的增值税税率，缓解企业税负压力。

加强金融政策支持力度。进一步完善支持实体经济发展的金融政策，加强对金融机构的监督指导，有效发挥金融对实体经济发展的支撑引领作用。一是完善差异化信贷政策，政策执行更加客观、公平。对于符合资信要求的企业与投资项目给予充分信贷支持，包括足额、无附加条件放贷，给予合理利率，禁止贷转存，取消不合理收费等。二是推动产融对接，引导社会资本投向行业基础性、战略性、先导性领域，对行业转型发展形成有力支撑。三是进一步发挥政策性金融和开发性金融的作用，支持金融机构通过银团贷款、出口信贷、项目融资等多种方式，为企业建立国际化研发、生产体系及品牌推广搭建金融服务平台。四是加快完善"科创板"的相关制度规则安排，使资本更好服务行业技术创新。

第二节 完善市场发展环境

促进营商环境持续改善。进一步完善政策规范市场行为，使大中小企业、国有与民营企业能够公平竞争、有序发展。进一步完善保护知识产权的法治、市场环境，深化知识产权保护。加快探索研究针对纺织面料的外观设计、花型设计、结构设计等知识产权的保护措施和监管方式，加大对侵犯知识产权和企业合法权益行为的打击力度。支持纺织工业信用体系建设。完善信用管理的法治体系建设，指导支持纺织工业信用体系建设，促进纺织产业链的高效协同与可持续发展。进一步推动贸易、投资更加自由化、便利化，完善服务保障体系，促

进纺织工业对外投资和贸易健康平稳发展。完善质量监管，鼓励支持电子商务平台建立来源可查、去向可追、责任可究的产品质量追溯体系，让合规经营成为企业参与市场竞争的新优势。加大消费者个人信息保护力度。建立健全消费者信息保护、数据交易和共享相关制度，加快个人信息安全立法。规范引导新经济的发展。加快完善新经济领域的政策法规与监管措施，促进市场主体规范经营、健康发展。

第三节　环保政策要约束与激励并举

推进环保政策执行更加客观、科学、合理。科学开展环境保护监督管理，兼顾污染防治攻坚与产业高质量发展。一方面，环保督查管理要采取分类管理办法。加大对落后产能的淘汰力度，鼓励支持优质新增产能，对符合环保政策要求的企业技术改造项目，应优先予以环评和备案。另一方面，环保督查中要实施精细化管理。要避免"一刀切"等粗放式监管方式，既要坚持原则，也要尊重实际，不断创新环保监管方式，实现环保与产业发展相互促进、互相推动。

强化正面引导与激励，让绿色成为企业发展的新优势。进一步实施能效、水效"领跑者"制度，加强对绿色标杆企业的表彰与宣传；对合格企业的节能减排重点项目优先纳入绿色金额政策支持范围。积极鼓励纺织产业链上下游企业通力合作、协同攻坚，充分发挥污染治理的协同效应，推进行业生态文明建设。积极发挥政府在绿色消费中的推动作用，加强绿色消费宣传，积极培育绿色消费，完善绿色采购制度体系；以"绿色消费"倒逼"绿色生产"，充分调动和发挥绿色消费对企业绿色发展的推动作用，引导企业加快构建绿色供应链。

第四节　强化产业政策的引导与支持

提升产业创新能力。加大对各级各类工程技术研究中心等企业研发中心建设的扶持，提高企业持续创新能力。引导、规范纺织工业技术创新服务向着市场化、专业化方向发展，发挥技术创新服务体系对技术创新的推动作用。建立健全各类技术交易市场、产权交易市场，完善创新成果转化机制，畅通创新成果转移转化应用通道，提升行业创新成果产业化能力。加强科研诚信、科研道德、科研伦理建设和社会监督，培育尊重知识、崇尚创造、追求卓越的创新文化，营造鼓励探索、宽容失败和尊重人才、尊重创造的创新氛围。

加强对建设世界级先进纺织产业集群的支持。加快出台培育世界级先进纺织产业集群的相关政策，引导要素资源向重点产业集群的优势企业流动；强化财政扶持，优先支持带动性强、投资规模大、业态模式新的集群重大项目；指导支持行业设立集群投资基金，引导社会资本积极参与，重点支持集群内引领性、基础性、高成长项目。

加大对产业用纺织行业发展的支持力度。一是支持产业用纺织品扩大应用领域。完善应急产品政府采购以及实物储备和产能储备机制，推动产业用纺织品在应急与公共安全领域的应用；鼓励支持生态环保农业用纺织品的研发与生产，加大应用补贴政策支持力度；加大对特殊工种劳动者职业安全的保护，推动高性能安全防护用纺织品的应用。二是支持纺织军民融合发展。支持推动工业主管政府部门与军队官方层面的工作协调机制的建立健全，建立军民资源、技术、信息、人才等要素的双向流动通道，指导支持行业搭建军民融合发展平台，强化对纺织军民融合项目的财政支持力度，促进军民产业发展壮大。

加大对纺织工业文化发展的支持力度。一是要加强对纺织非遗保护、传承与创新等方面的政策支持。指导支持纺织工业建立全社会、全行业共同参与的符合市场经济发展环境和新时代要求的系统化、科学化、可持续的纺织非遗保护与传承体系。二是加大财政专项支持力度，对纺织工业文化相关项目给予适当倾斜，对纺织工业文化对外交流合作项目给予资金支持。三是指导支持建立全社会参与的多元化投融资机制，引导社会资本支持纺织工业文化相关产业发展。

充分发挥产业政策的引导作用。一是，完善产业政策的动态调整机制。通过加强对优势产业的支持，加强对重点领域投资指导，促进产业结构持续优化；通过及时调整行业落后产能标准，引导相关产能有序退出。二是要保持产业政策的持续性和稳定性，保障落地产业能够获得持续发展空间。三是完善产业政策，提升产业集中度。鼓励行业龙头企业和优势企业对相关企业实施联合、并购、重组，向"大、精、优"方向发展。

第五节　发挥行业协会的作用

加大对行业协会的引导和扶持力度。进一步明确行业协会的职能定位，支持行业协会在反映行业诉求、完善行业政策法规、支持政府科学决策等方面发挥更大作用。加大对行业协会基础研究的财政支持力度，强化行业协会在行业信息统计方面的地位和作用，不断提升行业服务科学性。支持和指导协会制订并组织实施行业职业道德准则，推动行业诚信建设；引导行业建立完善行业自律性管理约束机制，规范企业行为，防止同业恶性竞争，维护市场秩序。支持行业协会在促进行业国际合作、化解贸易冲突中发挥建设性作用。